AF245267

MINISTÈRE DES AFFAIRES ÉTRANGÈRES

DOCUMENTS DIPLOMATIQUES

AFFAIRES DE SIAM

1893-1902

MINISTÈRE DES AFFAIRES ÉTRANGÈRES

DOCUMENTS DIPLOMATIQUES

AFFAIRES DE SIAM

1893-1902

PARIS

IMPRIMERIE NATIONALE

MDCCCCII

TABLE DES MATIÈRES.

MINISTÈRE DES AFFAIRES ÉTRANGÈRES.

DOCUMENTS DIPLOMATIQUES.

AFFAIRES DE SIAM.

1893-1902.

TRAITÉ

CONCLU, LE 3 OCTOBRE 1893,

ENTRE

LE GOUVERNEMENT DE LA RÉPUBLIQUE FRANÇAISE

ET

LE GOUVERNEMENT DE SA MAJESTÉ LE ROI DE SIAM.

MONSIEUR LE PRÉSIDENT DE LA RÉPUBLIQUE FRANÇAISE ET SA MAJESTÉ LE ROI DE SIAM, voulant mettre un terme aux contestations survenues dans ces derniers temps entre les deux États et consolider les relations d'amitié qui existent depuis des siècles entre la France et le Siam, ont nommé pour leurs plénipotentiaires :

MONSIEUR LE PRÉSIDENT DE LA RÉPUBLIQUE FRANÇAISE,

M. Charles-Marie LE MYRE DE VILERS, Grand-officier de la Légion d'honneur et de l'Éléphant Blanc, Ministre Plénipotentiaire de première classe, Député,

ET SA MAJESTÉ LE ROI DE SIAM,

Son Altesse Royale le Prince DEVAWONGSÉ-VAROPRAKAR, Chevalier de l'Ordre de

Maha-Chakrkri, Grand-Officier de la Légion d'honneur, etc., Ministre des Affaires
étrangères;

Lesquels, après s'être communiqué leurs pleins pouvoirs et les avoir reconnus en
due et bonne forme, sont convenus des articles suivants :

Article I.

Le Gouvernement siamois renonce à toute prétention sur l'ensemble des territoires
de la rive gauche du Mékong et sur les îles du fleuve.

Article II.

Le Gouvernement siamois s'interdit d'entretenir ou de faire circuler des embarcations ou des bâtiments armés sur les eaux du Grand Lac, du Mékong et de leurs
affluents situés dans les limites visées à l'article suivant.

Article III.

Le Gouvernement siamois ne construira aucun poste fortifié ou établissement militaire dans les provinces de Battambang et de Siem Reap et dans un rayon de vingt-
cinq kilomètres sur la rive droite du Mékong.

Article IV.

Dans les zones visées par l'article III, la police sera exercée selon l'usage par les
autorités locales avec les contingents strictement nécessaires. Il n'y sera entretenu
aucune force armée régulière ou irrégulière.

Article V.

Le Gouvernement siamois s'engage à ouvrir, dans un délai de six mois, des négociations avec le Gouvernement français en vue du règlement du régime douanier et
commercial des territoires visés à l'article III et de la revision du traité de 1856.
Jusqu'à la conclusion de cet accord, il ne sera pas établi de droits de douane dans la
zone visée à l'article III. La réciprocité continuera à être accordée par le Gouvernement français aux produits de ladite zone.

Article VI.

Le développement de la navigation du Mékong pouvant rendre nécessaire sur la
rive droite certains travaux ou l'établissement de relais de batellerie et de dépôts de
bois et de charbon, le Gouvernement siamois s'engage à donner, sur la demande du
Gouvernement français, toutes les facilités nécessaires à cet effet.

Article VII.

Les citoyens, sujets ou ressortissants français pourront librement circuler ou commercer dans les territoires visés à l'article III, munis d'une passe délivrée par les autorités françaises. La réciprocité sera accordée aux habitants desdites zones.

Article VIII.

Le Gouvernement français se réserve d'établir des Consuls où il le jugera convenable dans l'intérêt de ses ressortissants et notamment à Korat et à Muang-Nan.

Article IX.

En cas de difficultés d'interprétation, le texte français fera seul foi.

Article X.

Le présent traité devra être ratifié dans un délai de quatre mois à partir du jour de la signature.

EN FOI DE QUOI, les Plénipotentiaires respectifs susnommés ont signé le présent Traité en duplicata et y ont apposé leurs cachets.

Fait au Palais de Vallabha, à Bangkok, le 3 octobre 1893.

(*L. S.*) Le Myre de Vilers.

(*L. S.*) Devawongse-Varoprakar.

CONVENTION DU 3 OCTOBRE 1893

ANNEXE AU TRAITÉ EN DATE DU MÊME JOUR

ENTRE LA FRANCE ET LE SIAM.

Les Plénipotentiaires ont arrêté dans la présente Convention les différentes mesures et les dispositions qu'entraîne l'exécution du Traité de paix signé en ce jour et de l'ultimatum accepté le 15 août dernier.

Article I.

Les derniers postes militaires siamois de la rive gauche du Mékong devront être évacués dans le délai maximum d'un mois à partir du 5 septembre.

Article II.

Toutes les fortifications de la zone visée à l'article III du présent Traité en date de ce jour devront être rasées.

Article III.

Les auteurs des attentats de Tong-Xieng-Kham et de Kammoun seront jugés par les autorités siamoises, un représentant de la France assistera au jugement et veillera à l'exécution des peines prononcées. Le Gouvernement français se réserve le droit d'apprécier si les condamnations sont suffisantes, et, le cas échéant, de réclamer un nouveau jugement devant un tribunal mixte dont il fixera la composition.

Article IV.

Le Gouvernement siamois devra remettre à la disposition du Ministre de France à Bangkok ou aux autorités françaises de la frontière tous les sujets français, Annamites, Laotiens de la rive gauche et les Cambodgiens détenus à un titre quelconque ; il ne mettra aucun obstacle au retour sur la rive gauche des anciens habitants de cette région.

Article V.

Le Bam-Bien de Tong-Xieng-Kham et sa suite seront amenés par un délégué du Ministre des Affaires étrangères à la Légation de France, ainsi que les armes et le pavillon français saisis par les autorités siamoises.

Article VI.

Le Gouvernement français continuera à occuper Chantaboun jusqu'à l'exécution des stipulations de la présente convention et notamment jusqu'à complète évacuation et pacification tant de la rive gauche que des zones visées à l'article 3 du traité en date de ce jour.

EN FOI DE QUOI, les Plénipotentiaires respectifs ont signé la présente Convention et y ont apposé leurs cachets.

Fait double au Palais de Vallabha, à Bangkok, le 3 octobre 1893.

(*L. S.*) Le Myre de Vilers.

(*L. S.*). Devawongse-Varoprakar.

N° 1.

M. Pavie, Ministre Résident de la République française à Bangkok,
à M. Casimir-Périer, Président du Conseil, Ministre des Affaires étrangères.

Bangkok, le 18 février 1894.

Contrairement à ses assurances renouvelées le Gouvernement siamois continue à chercher à éluder les conséquences de l'article 4 de la Convention. Je n'ai pu obtenir l'envoi au Consulat d'un seul des captifs originaires de la rive gauche qui ont réussi à me faire parvenir leurs plaintes. Le Gouvernement siamois ne peut se décider à rendre les 35 princes du Luang-Prabang amenés en otages.

Votre Excellence trouvera sans doute utile de faire des observations au Ministre de Siam à Paris.

Pavie.

N° 2.

M. Casimir-Périer, Président du Conseil, Ministre des Affaires étrangères.,
à M. Pavie, Ministre Résident de la République française à Bangkok.

Paris, le 21 février 1894.

Conformément à la demande contenue dans votre télégramme du 18, j'ai appelé l'attention du Ministre de Siam sur les difficultés suscitées par le Gouvernement siamois pour l'exécution du Traité et de la Convention, et je lui ai déclaré que je serais dans l'obligation de suspendre les négociations commerciales engagées à Paris si la Cour de Bangkok ne modifiait pas son attitude.

Casimir-Périer.

N° 3.

M. Hanotaux, Ministre des Affaires étrangères,
à M. Pilinski, gérant le Consulat général de France à Bangkok.

Paris, le 13 août 1894.

J'ai appelé l'attention du Prince Svasti sur les infractions au Traité signalées par M. Pavie dans diverses communications qu'il m'a fait parvenir au cours de sa mission.

Le Prince a protesté de nouveau de la ferme intention de son Gouvernement de remplir loyalement ses engagements.

Nous nous sommes mis d'accord sur les termes d'un arrangement par lequel, après un préambule rappelant nos récentes protestations, il est convenu que :

1° Les deux Gouvernements désigneront d'accord des agents commissionnés munis de pouvoirs réguliers qui auront mission d'étudier et d'arranger sur les lieux les contestations qui ont pu se produire relativement à l'exécution du traité et de la convention du 3 octobre 1893;

2° Un accord entre le Ministre des Affaires étrangères et le Représentant de la France à Bangkok déterminera les points sur lesquels les Agents commissionnés par les deux Gouvernements se rencontreront, les questions qu'ils auront à traiter et les régions où s'exercera leur action;

3° Les Commissaires devront procéder concurremment à toutes enquêtes, rédiger tous rapports et assurer autant que possible le règlement amiable des difficultés;

4° Les agents commissionnés recevront des pouvoirs valables pour un an et qui pourront être renouvelés.

Je vous prie d'aviser par la voie la plus rapide M. Pavie de ces dispositions qui paraissent de nature à remédier à la situation constatée par lui au cours de sa mission. Il lui appartiendra, dès son retour à Bangkok, et après s'être concerté avec le Gouverneur général, d'arrêter d'accord avec le Prince Dewavongse les dispositions prévues au 2°.

HANOTAUX.

N° 4.

M. Pavie, Commissaire général du Gouvernement de la République au Laos,

à M. Hanotaux, Ministre des Affaires étrangères.

Bangkok, le 22 août 1894.

Dans un entretien que je viens d'avoir avec le Ministre des Affaires étrangères, j'ai exposé les cas d'inexécution du traité dont j'avais dû prendre acte au cours de ma mission. Je lui ai demandé quelle suite il comptait y donner.

J'ai déclaré qu'il y avait deux questions, la tentative de transformation de la rive droite Luang Prabang en province siamoise et la substitution d'autorités siamoises aux autorités laotiennes dans la zone réservée, au sujet desquelles il appartenait au Gouvernement siamois de donner des ordres immédiats parce qu'elles étaient nées par ses ordres directs. Le Ministre des Affaires étrangères a reconnu le bien fondé de mes réclamations; il avait cru que nous préférerions faire perdre au Roi de Luang Prabang la rive droite de sa principauté plutôt qu'admettre qu'elle restât sous la suzeraineté du Siam.

Je lui ai fait savoir que le Roi de Luang Prabang avait nommé un fonctionnaire pour administrer cette partie de sa principauté et que c'était cet agent qui serait en relation avec le Gouvernement siamois.

PAVIE.

N° 5.

M. HANOTAUX, Ministre des Affaires étrangères,
à M. le Comte de PONTBELLANGER, Consul de France à Bangkok.

Paris, le 31 août 1894.

Je viens de signer avec le Prince Svasti l'arrangement mentionné dans mon télégramme du 13 août. Il a été bien entendu que, comme cela résulte d'ailleurs du texte de l'arrangement, les questions de frontières ne pourront pas être soulevées et que les Commissaires n'auront à s'occuper que des affaires relatives à l'exécution du traité et de la convention d'octobre 1893.

HANOTAUX.

ANNEXE.

Le 31 août 1894.

ENTENTE EN VUE DE L'EXÉCUTION SUR LES LIEUX DU TRAITÉ ET DE LA CONVENTION DU 3 OCTOBRE 1893.

Entre les soussignés, S. E. M. Gabriel Hanotaux, Ministre des Affaires étrangères de la République française, etc., et son S. A. le Prince Svasti Sobhana, membre du Conseil de S. M. le Roi de Siam, il a été entendu ce qui suit :

Le Gouvernement français ayant été informé que des faits contraires aux stipulations du traité et de la convention du 3 octobre 1893 se seraient produits, tant dans la zone réservée que sur les frontières, entre le Siam et le Cambodge, a adressé des protestations au Gouvernement siamois. En raison de cette situation, les deux Gouvernements se sont mis d'accord pour prendre les dispositions dont la teneur suit et qui ont pour but de faciliter et d'assurer la loyale et pacifique exécution du traité conclu entre la France et le Siam :

1° Le Gouvernement français et le Gouvernement siamois désigneront, d'accord, des agents commissionnés munis de pouvoirs réguliers, qui auront mission d'étudier et d'arranger sur les lieux les contestations qui ont pu se produire ou pourront se produire, relativement à l'exécution du traité et de la convention du 3 octobre 1893.

2° Un accord entre le Représentant de la République française à Bangkok et le Ministre des Affaires étrangères de S. M. le Roi de Siam déterminera les points sur lesquels les agents commissionnés par les deux Gouvernements se rencontreront, les questions qu'ils auront à traiter et les régions où s'exercera leur action;

3° Les commissaires devront procéder concurremment à toutes enquêtes, rédiger les rapports nécessaires et assurer autant que possible le règlement amiable des difficultés;

4° Les agents commissionnés recevront des pouvoirs valables pour un an à partir de la signature du présent arrangement. Selon les circonstances, ces pouvoirs seraient renouvelés d'un commun accord entre les deux Gouvernements.

Fait en double à Paris, le 31 août 1894.

HANOTAUX.

SVASTI.

N° 6.

M. PAVIE, Commissaire général du Gouvernement de la République au Laos,

à M. HANOTAUX, Ministre des Affaires étrangères.

Bangkok, le 4 juillet 1895.

J'ai l'honneur de faire parvenir ci-inclus à Votre Excellence copie de la note par laquelle j'ai fait connaître au Ministre des Affaires étrangères que j'avais pris acte de treize cas principaux d'inexécution du traité du 3 octobre 1893.

ANNEXE.

Bangkok, le 3 juillet 1895.

J'ai l'honneur de signaler à Votre Altesse Royale les cas de violation et d'inexécution du Traité du 3 octobre 1893 que j'ai été en mesure de constater au cours de la mission que je viens de remplir.

Ils ont tous été l'objet de protestations, de plaintes et démarches soit auprès de Votre Altesse, des autorités locales ou des Commissaires royaux. Si cependant quelques documents n'étaient pas parvenus à Votre Altesse ou si Elle avait besoin d'être éclairée sur des points quelconques. je me tiens à sa disposition pour lui fournir les renseignements nécessaires.

1° Tentative de transformation en province siamoise de la partie de la Principauté de Luang Prabang située sur la rive droite du Mékong;

2° Tentative de substitution d'autorités siamoises aux autorités locales dans la zone réservée, sur la rive droite du Mékong depuis la limite Nord de la Principauté de Bassac jusqu'au territoire de Luang Prabang et dans le territoire de Xieng-Kong dépendant de Nan;

3° Difficultés mises au retour des anciens habitants de la rive gauche du Mékong et du Cambodge.

Arrestation d'un grand nombre de personnes inscrites au Consulat général et confiscation de leurs certificats d'inscriptions.

4° Perception d'impôts sur la rive gauche du Mékong par les autorités de Nongkay, rive droite ;

5° Arrestation de deux personnes sur la rive gauche du Mékong à Thin-Tonn par ordre du prince Prachak et par ses agents ;

6° Menaces et vexations pour obliger les habitants de la rive gauche et des îles à passer sur la rive droite. Régions de Nongkay, Kong, etc.;

7° Enlèvement et transport à Makeng, après la signature du Traité, de la statue Phra Somta Lao de Nieng Chan ;

8° Violation de territoire en décembre 1894 par le Phra Py Phat fonctionnaire de la rive droite résidant en face l'île de Komao (province de Kong). Accompagné de 40 hommes il est venu déclarer que l'île appartenait au Siam; a fait frapper et a blessé grièvement le maire qui protestait.

Ces cinq cas sont visés par l'article premier du Traité. Les protestations à leur sujet ont été remises aux Commissaires régionaux;

9° Arrestation de Roun Phinit à Ban Nang Xen, en territoire réservé, à 4 kilomètres de Lakhone, par deux fonctionnaires siamois escortés de 12 soldats siamois;

10° Armement des populations de la zone réservée;

Les protestations pour ces deux cas violant l'article 4 du Traité ont été remises aux Commissaires régionaux;

11° Établissement et perception des droits de douanes sur divers produits sur toute la rive droite du Mékong.

Arrestation de barques sur le fleuve, emprisonnement, sous prétexte de contrebande sur la rive droite, de leurs propriétaires habitants de la rive gauche, en violation de l'article 5 du Traité;

12° Empêchement à l'installation des agences commerciales de Lakhone et Kammarat et difficultés constantes créées à l'approvisionnement sur la rive droite des canonnières, en violation de l'article 6 du Traité.

13° Difficultés créées à l'installation des Consulats de Nan et de Korat prévues par l'article 8 du Traité.

N° 7.

M. Pavie, Commissaire général de la République française au Laos,
à M. Hanotaux, Ministre des Affaires étrangères.

Paris, le 17 juillet 1895.

Je viens attirer l'attention de Votre Excellence sur la situation fâcheuse que le Siam a réussi à créer dans la région de Khoung où les habitants se voient, à force de vexations, contraints de quitter la rive gauche ou de se voir confisquer leurs exploitations sur la rive opposée.

Je n'obtiendrai certainement rien à Bangkok du Gouvernement siamois qui ordonne les procédés contre lesquels j'ai protesté.

A. PAVIE.

N° 8.

M. Hanotaux, Ministre des Affaires étrangères,
à M. Defrance, Chargé des fonctions de Ministre Résident de France
au Siam.

Paris, le 18 juillet 1895.

Au moment où vous allez vous rendre à votre poste, je crois utile de vous indiquer sommairement les différents points sur lesquels devra se porter tout d'abord votre attention.

Notre situation politique et territoriale vis-à vis du Siam a été récemment réglée à nouveau par le Traité et la Convention signés à Bangkok le 3 octobre 1893. Nos rapports commerciaux reposent sur le Traité d'amitié, de commerce et de navigation conclu le 15 août 1856, ainsi que sur un Accord du 7 août 1867 concernant l'importation et la vente au Siam des vins et des spiritueux.

Sans reprendre en détail les clauses des arrangements de 1893, il me suffira de rappeler que le Siam a, par l'article premier du Traité, renoncé à toute prétention sur l'ensemble des territoires de la rive gauche du Mékong et sur les îles du fleuve; de plus, en vertu des articles 3 et 4 du même Acte, les territoires de la rive gauche dans un rayon de 25 kilomètres, et les provinces de Battambang et de Siem Réap se trouvent soumis à un régime spécial.

Le Gouvernement siamois s'est engagé à n'y construire aucun poste fortifié ou établissement militaire, ceux qui existaient antérieurement devant être rasés (art. 2 de la Convention); il a été stipulé que la police y sera exercée, selon l'usage, par les autorités locales avec les contingents strictement nécessaires, et qu'il n'y sera entretenu aucune force armée régulière ou irrégulière. Enfin le Gouvernement siamois s'est interdit d'entretenir ou de faire circuler des embarcations ou des bâtiments armés sur les eaux du Grand Lac, du Mékong et de leurs affluents situés dans les limites de la zone réservée (art. 2 du Traité).

Pendant la double mission qu'il a accomplie dans la vallée du Mékong, M. Pavie a été en mesure de relever de nombreuses infractions aux dispositions ci-dessus rappelées. Après en avoir pris acte par écrit vis-à-vis des fonctionnaires siamois locaux, notre Représentant a saisi, au mois d'août dernier, pendant un court séjour qu'il a fait à cette époque à Bangkok, le Ministre des Affaires étrangères de protestations motivées.

D'après les rapports de M. Pavie, nos griefs portent sur deux points principaux, d'une part sur la substitution de fonctionnaires siamois aux fonctionnaires laotiens dans la partie de la principauté du Luang-Prabang située à l'est du Mékong et dans la zone réservée, et, d'autre part sur les tentatives de la Cour de Bangkok pour transformer en provinces siamoises l'ensemble des territoires de la rive droite du fleuve.

L'attention de mon Département a été attirée, d'autre part, sur le mauvais vouloir que témoignerait la Cour de Bangkok à ceux de nos compatriotes qui, désireux d'exercer des industries ou de créer des entreprises à l'intérieur du Royaume se sont mis en instance pour obtenir des concessions ou des facilités d'établissement. Au moment des événements de 1893, des plaintes nombreuses ont été élevées contre la mise en interdit dont auraient été frappés à cette époque, non seulement les nationaux français, mais encore ceux qui entretenaient avec eux des relations d'affaires. Il vous appartiendra de faire comprendre au Gouvernement siamois combien il serait regrettable qu'il persévérât dans une attitude aussi contraire à ses véritables intérêts.

Les dissentiments qui existent encore au sujet de l'exécution du Traité pourraient nuire, s'ils se prolongeaient, à la reprise des relations commerciales. Ces difficultés seraient aisément résolues si le Siam était convaincu qu'il est de sa dignité, comme de son intérêt bien entendu, de ne pas s'attarder dans d'inutiles débats et d'accepter sans réticences les faits accomplis. J'ai eu moi-même occasion de m'en expliquer avec le prince Svasti au moment de la signature de l'accord relatif à l'institution des Commissaires enquêteurs. J'ai exprimé la confiance que cet arrangement marquerait le terme des difficultés qui se sont produites et le commencement d'une nouvelle période où les rapports réciproques reprendraient leur ancien caractère d'amicale confiance et de bonne volonté mutuelle.

Il vous appartiendra de vous inspirer de ces considérations pour éclairer le Gouvernement siamois sur nos intentions. Je m'en remets à votre tact et à votre prudence du soin d'éviter dans vos actes comme dans votre langage, ce qui pourrait donner lieu à de fausses interprétations et éveiller des préoccupations mal fondées.

Il me reste à vous signaler l'importance que semble de nature à présenter pour le développement matériel de notre influence l'exercice du droit de protection. Au cours de ce siècle, le Siam a fréquemment procédé à la transportation en masse sur son territoire de groupes de populations originaires de régions placées depuis lors sous notre protectorat. Des pourparlers avaient été entamés, mais sans résultat, il y a une dizaine d'années pour arriver au règlement de cette situation; vous en trouverez le dossier dans les archives du Consulat général. Depuis lors, la Convention du 3 octobre 1893 a stipulé, dans son article 4, que le Gouvernement siamois devra remettre à la disposition du Ministre de France à Bangkok ou aux autorités françaises de frontière, tous les sujets français, annamites, laotiens de la rive gauche et cambodgiens détenus à un titre quelconque, et qu'il n'opposera aucun obstacle au retour sur la rive gauche du Mékong des anciens habitants de cette région. Nous avons déjà obtenu la restitution d'un certain nombre de laotiens et notamment de Princes et de Princesses de Luang-Prabang qui avaient été emmenés en otage à Bangkok. Mais autant que je puis en juger par les informations transmises à mon Département, le règlement de cette question n'a pas encore été sérieusement abordé. Je vous serai obligé de l'étudier avec le plus grand soin et de m'adresser des propositions précises à ce sujet. Dans le même ordre d'idées vous aurez à examiner la situation de nos missionnaires au Siam et des communautés chrétiennes qu'ils y ont établis.

Telles sont, Monsieur, les recommandations d'ordre général qu'il m'a paru utile de vous adresser pour l'accomplissement de votre mission. Je crois inutile d'insister sur l'importance des intérêts dont le soin vous est remis, et je suis persuadé que vous saurez justifier la confiance que le Gouvernement vous a témoignée.

G. Hanotaux.

N° 9.

M. Defrance, Chargé des fonctions de Ministre Résident au Siam,
à M. Berthelot, Ministre des Affaires étrangères.

Bangkok, le 15 novembre 1895.

D'après un Ordre du 10 novembre dont j'ai pu me procurer un original et que j'ai fait copier, le Gouvernement siamois interdit aux autorités de remettre dorénavant au Consul les Cambodgiens et les Laotiens arrêtés, qu'ils soient protégés ou non, et porteurs de certificats d'inscription. Il est à craindre que l'exécution de cet ordre ne provoque des troubles dans les villages cambodgiens des environs de Bangkok.

Defrance.

N° 10.

M. Defrance, Chargé des fonctions de Ministre Résident au Siam,
à M. Berthelot, Ministre des Affaires étrangères.

Bangkok, le 30 novembre 1895.

Le Gouvernement siamois, par l'organe du Ministre des Affaires étrangères, s'est déclaré à maintes reprises prêt à exécuter le Traité et prétend que toutes les clauses ont reçu et reçoivent leur exécution intégrale. De notre côté, nous protestons chaque jour contre l'inexécution du même Traité et contre la violation continuelle des stipulations qu'il renferme. Une pareille divergence d'appréciation n'est évidemment pas due à la partialité avec laquelle peuvent être rapportés, soit d'un côté, soit de l'autre, les faits matériels qui constituent, d'après nous, les violations dont nous nous plaignons : la cause en est tout autre et bien plus grave. C'est qu'en réalité aucune entente n'existe entre les deux parties sur la portée des clauses du Traité de 1893. La rédaction de la plupart des articles de cet acte, que je n'ai, d'ailleurs, pas l'intention d'incriminer, est telle qu'elle produit cette double conséquence : d'un côté, elle nous autorise à imposer au Gouvernement siamois des obligations que nous considérons comme découlant naturellement des clauses acceptées, de l'autre, elle permet au Cabinet de Bangkok d'éluder ces mêmes obligations que nous considérons comme essentielles et auxquelles il ne se considère pas comme tenu parce qu'elles ne sont pas explicitement désignées.

Le résultat de cette situation est l'impossibilité absolue de rétablir la cordialité de nos relations avec le Gouvernement de Bankok : les réclamations incessantes que nous avons à formuler, les réponses toujours identiques que le Gouvernement siamois doit nous adresser, l'empêchement radical de toute solution résultant naturellement des principes opposés que nous défendons, sont des causes de froissements continuels et entretiennent une irritabilité dont les efforts faits pour le maintien des bonnes relations personnelles sont impuissants à conjurer les conséquences fâcheuses.

Je vais, en prenant l'un après l'autre les articles du Traité et de la Convention, faire ressortir les divergences considérables qui existent à propos de chacun d'eux entre notre point de vue et celui du Gouvernement de Bangkok (1).

TRAITÉ.

ARTICLE PREMIER. — Cet article peut être considéré comme exécuté bien qu'il ait donné lieu à plusieurs protestations pour des violations de fait. Le Gouvernement siamois reconnaît en effet qu'il n'a plus aucune prétention à élever sur les territoires de la rive gauche ni sur les îles du Mékong. Il a cependant invoqué cet article, pour prétendre qu'il avait conservé tous ses droits sur les individus nés sur la rive gauche et qui auraient passé le fleuve avant la signature du traité. D'après sa thèse, il a abandonné ses droits sur les territoires, mais nullement sur les habitants de ces territoires qui seraient venus au Siam avant le 3 octobre 1893. Cette question se rattache, d'ailleurs, à l'interprétation de l'article 4 de la Convention.

Art. 2. — L'interprétation du Gouvernement siamois concorde avec la nôtre. Des violations de fait seules peuvent se produire.

Art. 3. — Comme pour l'article 2.

Art. 4. — Cet article est l'un de ceux qui donnent lieu aux interprétations les plus différentes. Le Gouvernement siamois, interprétant littéralement l'article 4, prétend qu'il l'a exécuté intégralement par le seul fait qu'il a retiré des zones visées à

_____

(1) Voir le texte du Traité et de la Convention pages 1 et suivantes.

l'article 3, les agents de police siamois. En réalité, tout porte à croire qu'il n'a rappelé aucun agent, car il est douteux que des agents de police siamois fussent, avant la signature du traité, dans ces contrées qui ont toujours été administrées par les autorités locales.

Dans toutes les villes importantes des zones visées à l'article 3 résident des commissaires siamois qui donnent leurs ordres et qui les font exécuter soit en se couvrant plus ou moins derrière l'autorité locale qu'ils intimident, soit même ouvertement. De plus, ces commissaires sont tous sous la direction de commissaires royaux qui résident à portée de la zone et leur transmettent leurs ordres : ces commissaires royaux sont en relation avec Bangkok, et on peut dire qu'en fait c'est le Gouvernement lui-même qui, de la capitale, exerce la police et l'autorité dans les zones réservées. Ce n'est évidemment pas là le résultat que le négociateur a voulu obtenir. Parmi les agents français établis sur la rive droite du Mékong, les uns protestent formellement contre la présence des commissaires siamois dans la zone, d'autres au contraire traitent avec eux, et lorsque les autorités locales ont le courage d'agir sans l'ordre ou l'autorisation des commissaires siamois, le Gouvernement de Bangkok proteste en prétendant que c'est l'agent français qui les fait agir.

Cet article donne lieu à d'innombrables contestations, car des violations de fait se produisent chaque jour : la présence des soldats siamois est fréquemment signalée dans la zone et toujours niée par le Gouvernement de Bangkok; des soldats précédemment expulsés reviennent sans uniforme; des agents secrets parcourent toute la zone.

Art. 5. — La différence entre les interprétations française et siamoise de cet article donne également lieu à d'innombrables difficultés.

Art. 6. — Cet article ne donne pas lieu à une discussion de principes, mais seulement à de nombreuses difficultés créées par le mauvais vouloir des autorités siamoises.

Art. 7. — Comme pour le précédent.

Art. 8. — Le Département a été mis au courant des difficultés qui ont été opposées par le Gouvernement siamois à l'établissement matériel de nos vice-consulats à Nan et à Korat.

Art. 9 et 10. — Rien à signaler.

CONVENTION.

Art. 1 et 2.— Aucune divergence d'interprétation.

Art. 3. — Le Département est au courant des raisons qui ont motivé jusqu'à présent la non-exécution de cet article relativement au jugement des auteurs de l'attentat de Tong-Xieng-Khan.

Art. 4. — Avec l'article 4 du traité, cet article est celui qui donne lieu aux différences d'interprétation les plus considérables.

Le Gouvernement siamois prétend qu'il est seulement tenu à ne pas mettre obstacle au retour sur la rive gauche des anciens habitants de cette région.

D'après notre interprétation, au contraire, l'article 4 devait avoir pour conséquence de permettre à tous les individus nés sur la rive gauche et à leurs descendants, soit de retourner dans leur pays d'origine, soit de rester au Siam sous notre protection. Nous considérons, en un mot, que les anciennes populations des territoires qui nous appartiennent aujourd'hui, ayant été arrachées jadis à leur pays contre leur volonté, doivent être considérées comme y ayant toujours résidé et doivent suivre son sort. Ces pays étant nôtres, les anciens habitants de ces mêmes pays doivent être nos protégés, soit qu'ils quittent le Siam, soit qu'ils y restent.

En vertu de l'article 4, le Gouvernement siamois doit remettre à la disposition du Ministre de France à Bangkok ou autres autorités françaises de la frontière tous les sujets français, annamites, laotiens de la rive gauche, ou cambodgiens détenus à un titre quelconque. Tous les Annamites, Laotiens de la rive gauche et Cambodgiens, y compris leurs descendants, qui se trouvent au Siam peuvent être considérés comme y étant détenus par suite des transportations opérées jadis par les Siamois ; ils doivent donc être remis à la disposition du Ministre de France qui est libre de les traiter comme il l'entend, c'est-à-dire soit de les renvoyer chez eux, soit de les garder sous sa protection.

Art. 5. — Cet article a été exécuté. Mais le Gouvernement siamois y a mis la plus mauvaise volonté.

Art. 6. — Nous continuons à occuper Chantaboun, mais j'ai déjà signalé à Votre Excellence l'intention qu'ont certainement les Siamois de réclamer l'évacuation de ce point dès que la question de Tong-Xieng-Khan aura été réglée. Il est vrai que l'exécution des clauses de la Convention telles que nous les interprétons et la pacification des zones visées à l'article 3 du traité sont loin d'être réalisées.

L'envoi sur le Mékong des commissaires prévus par l'arrangement signé le 31 août 1894 entre le prédecesseur de Votre Excellence et le Prince Svasti serait une excellente mesure, s'il s'agissait de constater sur place les actes matériels de violation du traité ; mais la mission qui leur est confiée restera stérile, car ils ne pourront se mettre d'accord sur l'interprétation à donner aux différentes clauses des actes dont ils sont chargés de constater l'exécution : tel fait ou tel acte qui sera envisagé par le Commissaire français comme une violation du traité sera considéré par le Commissaire siamois comme parfaitement licite ; il ne restera à chacun d'eux que la ressource d'envoyer à Bangkok des réclamations qui, de même que toutes celles qui me parviennent, ne seront susceptibles d'aucun règlement.

Defrance.

N° 11.

M. Defrance, chargé des fonctions de Ministre Résident de France à Bangkok,

à M. Berthelot, Ministre des Affaires étrangères.

Bangkok, le 26 décembre 1895.

J'ai entretenu hier le Ministre des Affaires étrangères de la question du renouvellement des pouvoirs des commissaires prévu à l'article 4 de l'arrangement du 31 août 1894.

A la proposition que je venais lui faire, le Prince a répondu qu'il ne désirait pas prolonger l'Arrangement du 31 août 1894, que les Commissaires ne servaient à rien, que ceux de Battambang n'avaient rien fait depuis huit mois, qu'il vaudrait bien mieux arranger les difficultés à Bangkok et, en cas d'impossibilité, nommer des Commissaires spéciaux pour chaque affaire.

Je lui ai fait observer que c'était précisément par suite de l'impossibilité de trancher ici les difficultés et les contestations au Laos, que les deux Gouvernements avaient résolu d'envoyer sur place des agents spéciaux pour régler à l'amiable les difficultés, ou envoyer des renseignements précis permettant de les régler à Bangkok.

Le prince Devawongse s'est borné à répondre qu'il persistait à considérer le renouvellement des pouvoirs des Commissaires spéciaux comme inutile, et qu'en conséquence, il ne pouvait que décliner les propositions que je lui avais présentées à ce sujet. Si le Gouvernement siamois persiste dans le refus qu'il m'a opposé, nous pourrons en conclure qu'il est loin de désirer la lumière sur ce qui se passe au Laos et qu'il redoute le résultat des enquêtes impartialement et contradictoirement faites au sujet des actes de violation du Traité et des réclamations émanant de nous ou de lui-même : nous pourrons nous rendre le témoignage d'avoir fait tout ce qu'il était possible de faire pour assurer, de part et d'autre, l'exécution loyale du Traité et nous serons en droit de rejeter sur le Gouvernement siamois seul la responsabilité des conséquences, malheureusement probables, de la situation troublée pour le règlement de laquelle il nous refuse son concours.

Defrance.

N° 12.

M. Defrance, Chargé des fonctions de Ministre résident de France, à Bangkok,

à M. Berthelot, Ministre des Affaires étrangères.

Bangkok, le 3 mars 1896.

Après de nombreux et longs entretiens au sujet de la protection et de l'interprétation de l'article 4 de la Convention, le prince Devawongse me dit que le Gouvernement siamois persiste à penser que sa seule obligation est de laisser partir les individus qui veulent retourner dans leur pays d'origine. J'ai maintenu notre droit de protéger ceux qui restent au Siam.

DEFRANCE.

N° 13.

LE GOUVERNEUR GÉNÉRAL DE L'INDO-CHINE,
à M. LE MINISTRE DES COLONIES.

Hanoï, le 9 mai 1896.

Le Commandant supérieur, par intérim, du Haut-Laos et notre Commissaire du Gouvernement à Vien-Tiane me signalent un commencement d'émigration de la population de la rive droite du Mékong vers nos provinces situées à l'Est du Grand-Fleuve.

Les autorités siamoises mettent tout en œuvre pour arrêter le mouvement dont il s'agit, qui pourrait rendre à nos nouvelles possessions laotiennes une partie de leur ancienne prospérité.

ROUSSEAU.

N° 14.

M. DEFRANCE, chargé des fonctions de Ministre résident de France à Bangkok.
à M. HANOTAUX, Ministre des Affaires étrangères.

Bangkok, le 5 Octobre 1896.

Le Gouvernement siamois refuse de remettre, conformément à l'article 6 du Traité de 1856, un individu, au service d'une maison française, qui avait été arrêté et condamné à trois mois de prison sans que j'aie pu examiner s'il devait, ou non, être livré à l'autorité locale.

La conduite des autorités de police, celle de l'autorité judiciaire et celle du Ministre des Affaires étrangères lui-même, dans cette affaire, prouvent d'une façon évidente la volonté du Gouvernement siamois de se soustraire à toutes ses obligations. Que celles-ci lui soient imposées par le traité de 1856 ou par les arrangements de 1893, peu importe : la façon d'agir est toujours la même.

DEFRANCE.

N° 15.

M. Defrance, Chargé des fonctions de Ministre résident de France, à
Bangkok,
    à M. Hanotaux, Ministre des Affaires étrangères.

Bangkok, le 2 février 1897.

Le Prince Dewawongse vient de m'adresser une lettre reproduisant tous les argu-
ments déjà discutés au sujet de la question de la protection et dans laquelle, se référant aux règles de droit international appliquées en Europe il conclut que notre prétention de considérer comme ressortissants français les Laotiens de la rive gauche,
les Annamites Cambodgiens amenés au Siam contre leur volonté et leurs descendants
est entièrement inadmissible.

Le Prince ajoute qu'il a prescrit au Chargé d'affaires de Siam à Paris de proposer
à Votre Excellence un règlement « conforme au traité, applicable et juste ». En voici
le résumé ainsi que la fin de la lettre :

« Dix ans de résidence au Siam seront considérés comme preuve évidente *prima*
« *facie* de nationalité siamoise.

« Personne ne sera traité comme sujet français s'il ne peut prouver qu'il est né sur
« territoire français, ou d'un père français ou qu'il a été naturalisé suivant la loi fran-
« çaise telle qu'elle est appliquée en France. »

N° 16.

M. Hanotaux, Ministre des Affaires étrangères,
    à M. Defrance, Chargé des fonctions de Ministre résident de France
    à Bangkok.

Paris, le 24 mars 1897.

Dans ma réponse à la communication du Chargé d'affaires de Siam relative à la
protection que m'annonçait votre télégramme du 2 février, j'ai rappelé que, suivant
nos vues souvent exposées, nous avions le droit de réclamer l'ensemble des Annamites
Laotiens de la rive gauche et Cambodgiens transportés et détenus au Siam qu'ils ne
peuvent quitter maintenant ainsi que leurs descendants.

Dans un esprit de conciliation nous n'aurions pas refusé des arrangements pratiques
moyennant la reconnaissance préalable de nos droits.

Nous ne pouvions donc examiner utilement des propositions du Siam qui, s'ap-
puyant pour déterminer le statut personnel des anciens habitants de la rive gauche
sur le fait de leur détention en territoire étranger, consacreraient des actes de con-
trainte auxquels nous ne saurions reconnaître d'effets juridiques.

J'ai indiqué que cette situation ne pouvant se prolonger sans de sérieux inconvénients, le Siam devait profiter de vos dispositions conciliantes pour réaliser sur place un accord direct.

G. Hanotaux.

N° 17.

M. Defrance, chargé des fonctions de Ministre résident de France à Bangkok,

à M. Hanotaux, Ministre des Affaires étrangères.

Bangkok, le 3o mars 1897.

Dès la réception du télégramme que Votre Excellence m'a adressé le 24 de ce mois, j'ai tenté à nouveau d'aborder la question de la protection avec le Ministre des Affaires étrangères.

Le Ministre me dit que le Roi avait l'intention de faire un voyage en Europe et de traiter lui-même la question de la protection au cours des entretiens qu'il comptait avoir avec le Président de la République et avec Votre Excellence. J'ai répondu que, puisqu'il en était ainsi, je n'avais plus qu'à informer mon Gouvernement des intentions de Sa Majesté.

N° 18.

M. Hardouin, gérant le Consulat général de France à Bangkok,

à M. Hanotaux, Ministre des Affaires étrangères.

Bangkok, le 8 avril 1897.

Le Roi a quitté Bangkok hier, à bord de son yacht le *Mahachakri*. La date exacte de son arrivée à Paris sera notifiée à Votre Excellence par la Légation de Siam.

Hardouin.

N° 19.

M. Hanotaux, Ministre des Affaires étrangères,

à M. Hardouin, gérant le Consulat général de France à Bangkok.

Paris, le 23 octobre 1897.

Dans des entretiens empreints d'un mutuel esprit de conciliation, les différentes questions pendantes ont été traitées avec le Roi, en vue de rechercher une amélio-

3.

ration des rapports du Siam avec la France, notamment en ce qui concerne le Luang-Prabang et la question de la protection.

Le Roi s'est réservé d'envoyer en France, dès son retour à Bangkok, un Ambassadeur spécial pour poursuivre un accord sur les bases posées dans nos entretiens.

HANOTAUX.

N° 20.

M. HANOTAUX, Ministre des Affaires étrangères,
à M. HARDOUIN, gérant le Consulat général de France à Bangkok.

Paris, le 25 octobre 1897.

Pendant les deux séjours qu'il a faits récemment à Paris, le Roi de Siam m'a entretenu à diverses reprises des questions pendantes entre le Gouvernement français et le Gouvernement siamois. Je crois devoir vous faire faire part des vues qui ont été échangées au cours des conversations dont il s'agit.

S. M. Chulalongkorn m'a tout d'abord déclaré qu'un des principaux motifs de son voyage en Europe était d'améliorer ses relations avec la France. Il a ajouté qu'au nombre des causes de dissentiment qui nuisent à l'établissement des bons rapports entre les deux pays, deux questions surtout lui paraissent mériter l'attention : la question des protégés et celle de Luang-Prabang.

En ce qui concerne les protégés, le Roi considère que les obligations qui lui ont été imposées par la Convention du 3 octobre 1893 sont limitativement consignées dans l'article 4 de cet Arrangement, et il estime les avoir remplies en autorisant le départ de tous les habitants se trouvant dans les conditions spécifiées par cet article. Il sait que nous demandons beaucoup plus, et que nous revendiquons le droit de protéger de nombreuses populations transportées dans ses États depuis de longues années et devenues, dit-il, sujettes du Siam, tant par le fait du séjour et des mariages mixtes que par l'effet des lois. Or, il conteste à la France le droit de réclamer les Annamites Laotiens, etc., devenus sujets siamois par suite des guerres avant que la France fût elle-même établie en Indo-Chine ; il exclut de même les Cambodgiens soumis par l'article 8 du traité de 1867 à la juridiction siamoise.

Examinant ensuite la situation des familles qui jouissent aujourd'hui de la protection française, le Roi prétend que les patentes de protection s'élèveraient au chiffre de plusieurs dizaines de mille et il insiste sur les inconvénients que présenterait cet état de choses pour l'administration du pays et la préservation de l'ordre public.

J'ai répondu à Sa Majesté qu'Elle était inexactement renseignée sur ce dernier point et que le nombre des patentes de protection inscrites à notre légation s'élevait tout au plus au chiffre de cinq à six mille. J'ai ajouté qu'il en était de même en ce qui touche la liberté laissée aux indigènes désirant retourner dans leur pays d'origine, et j'ai rappelé à cette occasion que, tout récemment encore, cent familles laotiennes avaient été retenues au Siam et venaient seulement d'être autorisées à partir, sur nos instances réitérées.

Ces observations ont paru faire impression sur le Roi, et il a déclaré qu'il s'engageait à prendre des mesures en vue de permettre le libre exode prévu par l'article 4 de la Convention de 1893 et à veiller à leur loyale exécution; mais il a insisté de nouveau sur le nombre excessif des patentes de protection délivrées et il a demandé si le Gouvernement français ne pensait pas devoir étudier les moyens de mettre fin à une cause de conflit qui était de nature à créer de sérieux obstacles à l'existence et à la bonne administration de son Royaume.

J'ai fait connaître alors au Souverain que si le Gouvernement de la République était assuré de trouver pour ses nationaux le concours sérieux et effectif du Gouvernement siamois, si, en un mot, un système d'équité et de parité s'établissait dans les avantages faits aux autres Européens et ceux qui sont assurés à nos nationaux, si nos missions étaient protégées efficacement, si nos établissements industriels et financiers étaient favorisés, si des fonctionnaires français étaient appelés à faire partie de l'administration siamoise, je ne me refuserais pas à rechercher les moyens de régler la question des protégés dans un esprit d'entente et de conciliation.

Le Roi protesta de son désir et de sa volonté de donner à la France toutes les satisfactions qu'elle pourrait réclamer pour ses nationaux, et il demanda quelles seraient éventuellement nos vues sur le règlement de la question des protégés.

J'ai indiqué alors que nous pourrions être amenés à envisager l'idée d'établir une liste définitive, qui pourrait être examinée en commun par les deux parties. Cette liste comprendrait tout d'abord les protégés inscrits actuellement, en outre tous les originaires de la rive gauche qui, dans un délai à déterminer, seraient en mesure d'établir que leur père ou leurs grands-pères avaient été transportés de la rive gauche du Mékong au Siam. Tous ceux qui seraient inscrits sur cette liste relèveraient uniquement et sans conteste de la juridiction française. Il serait entendu également que les nationaux des Puissances qui se réclament de notre protection y auraient droit même vis-à-vis du Siam.

La discussion s'étant ensuite engagée sur le traitement qui devrait être appliqué à la descendance des protégés actuels, le Roi a suggéré un projet d'entente sur les bases d'un Arrangement concerté récemment entre son Gouvernement et le Gouvernement anglais à propos des Birmans.

J'ai répondu que nous n'aurions pas d'objections à nous prêter à un accord analogue à l'arrangement dont il s'agit, dans le cas où une convention régulière interviendrait entre le Siam et la Grande-Bretagne.

J'ai cru devoir préciser alors les principes d'après lesquel la Commission aurait à établir les listes définitives :

1° Les indigènes ayant le droit de retourner dans leur pays d'origine se verraient accorder toute facilité à cet égard;

2° Tous les Asiatiques déjà inscrits et munis de patentes seraient reconnus protégés français sans discussion;

3° Les individus non encore inscrits et qui ne désireraient pas retourner dans leur pays d'origine auraient à établir devant la Commission que leur père ou leurs grands-pères ont été transportés au Siam.

J'ai exposé ensuite les revendications des missions et j'ai demandé le déplacement du mandarin de Pétriou en raison de l'attitude observée par ce fonctionnaire lors des attentats commis, au mois d'août 1896, contre la mission catholique établie dans cette province. Le Roi m'a promis que cette satisfaction nous serait accordée et il a dû expédier à Bangkok des ordres à cet effet. Il m'a, de son côté, exprimé le désir que des mesures de clémence fussent prises en faveur du Siamois Phra Yot, emprisonné depuis quatre ans à la suite du meurtre de l'inspecteur Grosgurin.

La question de Luang-Prabang a enfin été examinée par le Roi, qui a affirmé que cette Principauté, avec l'appui de la France, faisait acte d'autorité sur des territoires qui ne lui avaient jamais appartenu et qui seraient même compris dans le bassin du Ménam.

J'ai suggéré alors au Souverain que la seule manière de régler les difficultés relatives au Luang Prabang serait de charger une Commission de délimitation de rechercher les frontières réelles et naturelles de la principauté. Ces limites seraient substituées, dans la région dont il s'agit à la ligne arbitraire des 25 kilomètres. L'ordre général y gagnerait et l'échange de territoires qui aurait lieu modifierait peu les superficies totales des deux côtés.

S. M. Chulalongkorn m'a promis de prendre les vues qui précèdent comme base de ses relations avec nous et des instructions qu'il donnerait à ses Ministres, et il m'a fait connaître qu'il avait l'intention, aussitôt de retour à Bangkok, d'envoyer un représentant spécial chargé de traiter avec nous les différentes questions qui ont fait l'objet de nos entretiens.

N° 21.

M. DEFRANCE, chargé des fonctions de Ministre résident de France à Bangkok,

à M. HANOTAUX, Ministre des Affaires étrangères.

Bangkok, le 30 mars 1898.

J'ai été reçu par le Roi. Après l'évocation des souvenirs de son voyage, j'ai demandé à Sa Majesté quelle suite Elle comptait donner aux intentions manifestées dans ses entretiens avec vous. Sa Majesté paraissant ne pas comprendre, j'ai précisé, rappelant qu'avant son départ, le Roi avait dit vouloir envoyer un Ambassadeur spécial chargé de traiter à Paris les questions en discussion. Elle me répondit : « Je n'ai pas dit cela. J'ai « dit que dans le cas où nous ne pourrions nous mettre d'accord avec vous ici, je « demanderais la permission d'envoyer un Ambassadeur à Paris. Je vous attendais et « pensais que vous arriveriez avec des instructions pour discuter et des pouvoirs pour « traiter. »

Dans ces conditions, je vous prie de me faire savoir si je dois entamer la discussion en prenant pour base les comptes rendus de vos entretiens avec le Roi.

DEFRANCE.

N° 22.

M. HANOTAUX, Ministre des Affaires étrangères.
à M. DEFRANCE, chargé des fonctions de Ministre résident à Bangkok.

Paris, le 4 avril 1898.

Il semblait en effet résulter des entretiens que j'ai eu avec le Roi qu'un Ambassadeur spécial devait venir à Paris. Mais nous sommes également disposés, si Sa Majesté le préfère, à négocier à Bangkok. Vous pourrez donc reprendre les pourparlers sur la base des propositions envisagées au cours de mes entretiens avec le Roi, en vous inspirant de la situation créée par l'esprit de conciliation qui a présidé à ces échanges de vues. Je compte sur votre tact pour procéder avec la prudence et les ménagements nécessaires afin de tirer profit des bonnes dispositions qui vous ont été manifestées.

Des pouvoirs vous seront envoyés dès que vous le jugerez utile.

HANOTAUX.

N° 23.

M. DEFRANCE, chargé des fonctions de Ministre résident à Bangkok,
à M. HANOTAUX, Ministre des Affaires étrangères.

Bangkok, le 25 juin 1898.

Malgré mes instances, je n'avais pu jusqu'à présent amener à entamer les pourparlers le Prince Devawongse qui m'a toujours demandé d'attendre quelques jours. Hier j'ai reçu de lui une longue lettre examinant plusieurs articles du Traité et de la Convention tendant à prouver que tous les cas de violation et de non-exécution sont notre fait.

Le Prince Devawongse ajoute que, lorsqu'une entente satisfaisante sera intervenue sur le sens vrai et raisonnable de chaque article, le Gouvernement siamois sera disposé à négocier un nouvel arrangement. Je vais voir le Prince Devawongse incessamment et m'efforcerai d'entamer immédiatement les pourparlers, en évitant la discussion préalable par écrit que le Gouvernement siamois veut nous imposer, et qui serait interminable.

DEFRANCE.

N° 24.

M. Defrance, chargé des fonctions de Ministre résident à Bangkok,
à M. **Delcassé**, Ministre des Affaires étrangères.

Bangkok, le 13 juillet 1898.

Dans l'entretien annoncé par mon télégramme du 25 juin j'avais consenti à exposer encore une fois, par lettre, au Prince Devawongse, notre point de vue sur les contestations devant faire l'objet des pourparlers; mais j'ai bien indiqué que cette lettre n'était pas le point de départ d'une discussion inutile par correspondance, et j'ai demandé au Prince Devawongse de fixer un jour pour entamer les pourparlers. Il me répond par un nouveau rapport exposant encore les obligations du Siam et il m'invite à le réfuter par écrit. Je ne crois pas devoir entrer dans cette voie. En attendant vos instructions, j'ai accusé réception simplement de la lettre au Prince Devawongse.

Defrance.

N° 25.

M. Delcassé, Ministre des Affaires étrangères,
à M. **Defrance**, Chargé des fonctions de Ministre résident à Bangkok.

Paris, le 19 juillet 1898.

Je ne puis, en réponse à votre télégramme du 13, que vous inviter à poursuivre les pourparlers sur la base des entretiens du Roi avec mon prédécesseur.

Delcassé.

N° 26.

M. Defrance, Chargé des fonctions de Ministre résident à Bangkok,
à M. **Delcassé**, Ministre des Affaires étrangères.

Bangkok, le 10 août 1898.

Avant-hier, au cours d'un entretien avec le Ministre des Affaires étrangères, je lui ai fait connaître que Votre Excellence jugeait inopportune la discussion préalable des listes de nos protégés, mais je lui ai répété qu'en vertu de mes instructions j'étais prêt à apporter dans la discussion l'esprit le plus conciliant; je n'ai rien négligé pour le décider à abandonner enfin son attitude d'inertie.

Comme il hésitait à me répondre, je lui ai dit : « Que désire en somme le Gou-
« vernement royal? Veut-il ou non essayer d'arriver à un arrangement? Lorsque je suis
« revenu à Bangkok, il y aura bientôt six mois, je pensais que le Gouvernement royal
« voulait envoyer un Ambassadeur spécial à Paris pour négocier. Le Roi et vous-
« même m'avez dit au contraire à cette époque qu'il valait mieux négocier ici et que
« vous vous attendiez à ce que je vous en fasse la proposition. Le Gouvernement de
« la République, mis au courant de votre désir, y a répondu aussitôt en m'autorisant
« à ouvrir les pourparlers avec vous : or, les mois passent, vous vous dérobez toujours
« et malgré mes démarches réitérées, je n'ai pu encore entamer la négociation.

« Le Gouvernement royal a-t-il depuis le mois de mars modifié sa manière de voir?
« A-t-il encore changé d'avis? Désire-t-il ne plus négocier ou négocier ailleurs qu'à
« Bangkok? »

Le Prince me répondit qu'à son retour d'Europe, le Roi avait eu en effet l'intention de charger des négociations un Ambassadeur spécial, mais que Sa Majesté avait
changé d'avis et que le Gouvernement royal avait pensé qu'il valait mieux ouvrir les
pourparlers à Bangkok.

Et comme j'invitais le Prince, puisqu'il en était ainsi, à ouvrir ces pourparlers
sans nouveaux délais, il me répondit que le Ministre de Siam à Paris avait eu, ces jours
derniers, une entrevue avec Votre Excellence et qu'il désirait attendre le télégramme
que Phya Suriya devait lui adresser à la suite de cette entrevue et qui devait lui parvenir incessamment.

Le Ministre ne me donna d'ailleurs aucune indication sur la nature des renseignements ou des informations qu'il attendait de Paris : il se borna à me dire que le télégramme qu'il attendait était important; je le priai de vouloir bien me prévenir lorsque
ce télégramme lui serait parvenu, exprimant l'espoir que nous pourrions alors entrer
en négociations.

Defrance.

N° 27.

Phya Suriya, Ministre du Siam à Paris,
    à M. Delcassé, Ministre des Affaires étrangères.

Paris, le 1er novembre 1898.

J'ai l'honneur de faire savoir à Votre Excellence que je suis autorisé à reprendre
immédiatement ici, avec les pouvoirs nécessaires pour conclure, les pourparlers
demeurés en suspens à Bangkok.

Phya Suriya.

N° 28.

M. Delcassé, Ministre des Affaires étrangères,
à Phya Suriya, Ministre du Siam à Paris.

Paris, le 1ᵉʳ décembre 1898.

Vous m'avez fait savoir, dans notre entretien du 30 novembre, que vous étiez prêt, suivant les assurances contenues dans votre lettre du 1ᵉʳ du même mois, à commencer immédiatement les négociations avec les pouvoirs nécessaires pour conclure.

J'ai l'honneur de vous informer que j'ai, de mon côté, invité M. Defrance qui représente le Gouvernement français, à prendre sans tarder vos convenances pour fixer, dans le plus bref délai possible, la date de la première réunion au Ministère des Affaires étrangères.

DELCASSÉ.

N° 29.

M. Delcassé, Ministre des Affaires étrangères,
à M. Defrance, Chargé des fonctions de Ministre Résident, à Bangkok.

Paris, le 1ᵉʳ décembre 1898.

J'ai l'honneur de vous informer que je vous ai désigné pour reprendre avec le Ministre de Siam à Paris, sur les différentes questions actuellement pendantes, les pourparlers restés en suspens à Bangkok. Vous trouverez, ci-joint, copie de la lettre que j'ai adressée à ce sujet à Phya Suriya avec qui je vous serai obligé de vous entendre sans retard pour fixer dans le plus bref délai possible la date de votre première réunion au Ministère des Affaires étrangères.

Je donne des instructions pour que les locaux nécessaires soient mis à votre disposition.

DELCASSÉ.

N° 30.

M. Ferrand, Gérant du Consulat général de France à Bangkok,
à M. Delcassé, Ministre des Affaires étrangères.

Bangkok, le 24 janvier 1899.

Le Roi de Siam aurait l'intention d'envoyer une Ambassade à Saïgon pour faire visite au Gouverneur général de l'Indo-Chine s'il était assuré qu'on lui fît bon accueil et qu'on la reçût volontiers.

FERRAND.

N° 31.

M. Defrance, Chargé des fonctions de Ministre-Résident à Bangkok,
à **M. Delcassé**, Ministre des Affaires étrangères.

Paris, le 27 janvier 1899.

Le Ministre de Siam et moi nous nous sommes réunis deux fois les 24 et 26 de ce mois.

Au cours de la première réunion chacun de nous a exposé brièvement la théorie de son Gouvernement au sujet de la question de la protection, et j'ai ensuite rappelé verbalement les concessions que M. Hanotaux, au cours de ses entretiens avec le Roi de Siam, avait envisagées comme possibles dans le but d'arriver à un règlement pratique des difficultés auxquelles donne lieu l'exercice de notre droit de protection.

Le Phya Suriya m'a dit qu'il réfléchirait et qu'il me soumettrait une proposition.

A la seconde séance, le Ministre de Siam m'a remis les propositions écrites dont Votre Excellence trouvera ci-joint la traduction. En me remettant ce document, le Phya Suriya m'a prié de prendre note que ces propositions émanaient de son initiative personnelle, qu'il m'en faisait la communication à titre non officiel, et que les concessions qu'il nous offrait étaient si considérables qu'il se demandait avec anxiété si son Gouvernement pourrait jamais les approuver.

En réalité ces propositions ne répondent en rien à celles que j'avais faites verbalement au cours de la première séance et ne nous offrent aucune concession.

Par le paragraphe *a*) le Phya Suriya émet la prétention de limiter par avance le nombre de nos protégés : or, si nous pouvons accepter de limiter les catégories d'individus aptes à se faire inscrire, et par conséquent de restreindre dans une certaine mesure le nombre des individus qui pourraient réclamer la protection française, nous ne pouvons fixer d'avance le nombre des personnes admises à jouir de notre protection, car ce serait exclure arbitrairement du bénéfice de notre protection des individus remplissant les qualités requises pour la réclamer.

Par le paragraphe *b*) le Phya Suriya demande que la liste de nos ressortissants actuellement inscrits soit communiquée au Gouvernement siamois et revisée par une commission mixte. Or pour les listes actuellement existantes nous pouvons nous engager à les reviser nous-mêmes, mais il semble impossible d'admettre le Gouvernement siamois à coopérer à cette revision.

Puis le Phya Suriya propose de rayer des listes existantes les individus inscrits sur les registres des départements dont ils relèvent et soumis au service militaire, au service naval et au service civil. C'est demander l'exclusion de tous les individus que nous réclamons en vertu de l'article 4 de la Convention de 1893, ces individus étant précisément, et pour la plus grande partie, soumis à la corvée dans l'armée ou dans la marine, corvée imposée à leurs ancêtres en leur qualité de prisonniers de guerre.

Le Phya Suriya demande également l'exclusion de tous les asiatiques qui sont venus s'établir au Siam de leur plein gré, c'est exclure la majeure partie de nos ressortissants chinois et annamites.

4.

Enfin le Phya Suriya propose qu'après la date du 24 janvier aucun des individus que nous réclamons en vertu de l'article 4 de la Convention de 1893 ne puisse plus se faire inscrire.

En somme, les conditions mises au maintien sur nos listes des individus déjà inscrits équivalent à l'exclusion de tous les individus visés par la Convention de 1893, et le droit d'inscrire des individus à l'avenir nous est dénié.

Ces propositions ne semblent même pas discutables, et le seul espoir que nous puissions conserver d'arriver à une solution, c'est qu'elles ne nous ont été présentées que pour faire valoir davantage le prix de propositions ultérieures.

Dans ces conditions, j'ai rédigé le texte ci-joint des propositions que j'avais déjà formulées sommairement et verbalement. Si Votre Excellence voulait bien approuver ce texte, je le remettrais au Ministre de Siam lors de notre prochaine réunion.

Defrance.

PROPOSITIONS DU MINISTRE DE SIAM.

I. Le Gouvernement siamois maintient l'interprétation qu'il a donnée de l'article 4 de la Convention, c'est-à-dire que cet article n'a pas donné au Gouvernement français le droit d'inscrire comme sujets français les individus qui ont été amenés contre leur volonté de la rive gauche sur la rive droite du Mékong ou leurs descendants. La seule conséquence qui découle de cet article est qu'aucun obstacle ne doit être placé au retour sur la rive gauche de cette catégorie d'individus.

II. Toutefois, dans un but de conciliation et en considération de ce fait que ce serait une source de grand embarras et de difficulté de rayer de la liste des protégés français des individus qui, selon l'interprétation donnée à l'article 4 de la Convention par le Gouvernement français, ont été inscrits sur cette liste, le Gouvernement siamois est prêt à concéder que les inscriptions de bonne foi faites avant le 24 janvier, date de l'ouverture des présents pourparlers ne seront plus à l'avenir contestées, mais sous la réserve :

a) Que le nombre total de ces individus n'excèderait pas.....

b) Qu'une liste complète de tous les Asiatiques inscrits comme sujets français serait, dans un délai de.....
communiquée par le Ministre de France à Bangkok au Ministre des Affaires étrangères du Siam, et qu'une commission mixte, composée d'un ou plusieurs membres nommés par les deux Gouvernements français et siamois, reviserait cette liste en vue d'exclure tous individus qui, inscrits sur les registres des départements dont ils relevaient, ont été ou sont actuellement soumis aux services militaire, maritime et civil de l'État.

c) Que ceux qui auraient fait usage de moyens frauduleux seraient rayés des listes d'inscription.

d) Que seraient également rayés, ceux qui eux-mêmes ou dont les ancêtres étaient venus s'établir au Siam de leur plein gré.

A compter de cette date du 24 janvier 1899, aucun individu né et vivant au Siam ne pourra être inscrit comme sujet français sous prétexte que lui-même ou ses ancêtres ont été contraints d'y venir de la rive gauche sur la rive droite du Mékong, et si un individu inscrit avant la date précitée, déclare qu'il a l'intention de vivre au Siam comme sujet siamois il sera désormais considéré comme sujet siamois.

Il devrait être entendu comme une régle générale, que le principe suivant serait à l'avenir admis : que les enfants de protégés asiatiques seraient considérés comme sujets siamois lorsque eux-mêmes et leurs pères seraient nés au Siam.

PROPOSITIONS DU PLÉNIPOTENTIAIRE FRANÇAIS.

Le Gouvernement français maintient l'interprétation déjà exposée par lui de l'article IV de la Convention de 1893 et de l'article Ier du Traité; il n'a nullement l'intention de demander au Gouvernement siamois de consentir un sacrifice nouveau, il demande seulement l'exécution d'un engagement pris : il ne considère pas qu'en enregistrant, ainsi que le dit le Ministre de Siam dans sa note en date de ce jour, « les personnes qui ont été amenées de la rive gauche du Mékong contre leur volonté « et les descendants de ces personnes » il enregistré et admet à la protection française « des sujets siamois »; il accorde simplement à ces personnes la situation qu'elles auraient eue tout naturellement si elles n'avaient pas été arrachées contre leur volonté du pays où elles vivaient, et détenues dans un pays qui n'est pas le leur.

Cependant le Gouvernement français, prenant en considération l'interprétation que le Gouvernement siamois a donnée, de bonne foi sans aucun doute, des articles Ier du Traité et IV de la Convention, consentirait à ne pas exercer son droit dans sa plénitude et propose le projet de règlement suivant, qui comporte plusieurs concessions très importantes.

A. — Le retour aux pays d'origine des individus mentionnés à l'article IV de la Convention serait absolument libre et même facilité par le Gouvernement siamois.

B. — Des listes définitives comprenant tous les individus ayant droit à la protection française seraient établies; sur ces listes seraient inscrits : d'abord tous les ressortissants asiatiques déjà inscrits et munis de patente de protection (le Gouvernement français procéderait à la revision des listes déjà existantes, il en exclurait les individus qui, par mégarde, y auraient été inscrits sans droit, et, naturellement ceux qui auraient obtenu leur inscription par fraude).

Ensuite tous les individus non encore inscrits et qui, ne désirant pas retourner dans leur pays d'origine, demanderaient leur inscription et justifieraient devant une commission mixte franco-siamoise de leur droit à l'inscription.

Cette commission mixte, chargée de vérifier les titres des individus qui sollicitent leur inscription, inscrirait ceux qui établiraient soit qu'ils sont nés au Cambodge, en Annam ou sur la rive gauche du Mékong, soit que leur père ou leur grand-père né dans la région ci-dessus indiquée, a été amené contre sa volonté au Siam.

C. — Les listes définitives seraient établies par la Commission mixte (ou les commissions mixtes dans le cas où on jugerait utile d'en former plusieurs pour hâter le travail dans les provinces) dans un délai de.....

Passé ce délai, les individus qui ne se seraient pas présentés devant la Commission mixte seront considérés comme ayant renoncé à leur droit; la Commission mixte (ou les Commissions mixtes) sera dissoute, et, ne pourront plus se faire inscrire suivant les règles ordinaires, que les personnes se trouvant dans la situation donnant droit à l'inscription avant le Traité et la Convention de 1893, c'est-à-dire :

Les personnes nées en territoire français (France proprement dite, colonies, protectorat) ou jouissant de la nationalité française et les nationaux des puissances étrangères qui se réclameraient de la protection française.

D. — (Pour la durée de la protection aux descendants des ressortissants asiatiques, le principe d'une limitation serait admissible et dans le cas où ce principe serait admis, les conditions seraient à fixer ultérieurement.)

———————

N° 32.

M. DELCASSÉ, Ministre des Affaires étrangères,
 à M. FERRAND, Gérant du Consulat général de France à Bangkok.

Paris, le 3 février 1899.

Le Ministre des Colonies m'informe que la mission est assurée d'un bon accueil de la part du Gouverneur général de l'Indo-Chine.

DELCASSÉ.

———————

N° 33.

M. FERRAND, Gérant du Consulat général de France à Bangkok,
 à M. DELCASSÉ, Ministre des Affaires étrangères.

Bangkok, le 16 mars 1899.

Le Gouverneur général de l'Indo-Chine me télégraphie que l'envoyé siamois lui a fait part du désir du Roi de le recevoir à Bangkok. Le Ministre des Colonies l'ayant autorisé à accepter cette invitation, M. Doumer propose de se rendre à Bangkok au commencement d'avril.

FERRAND.

———————

N° 34.

M. DELCASSÉ, Ministre des Affaires étrangères,
à M. FERRAND, Gérant du Consulat général de France à Bangkok.

Paris, le 13 avril 1899.

Les négociations continuent ici sur les questions des protégés, du Luang-Prabang rive droite et de la zone des 25 kilomètres. M. Doumer trouvera sans doute l'occasion de faire comprendre, d'une manière générale, l'intérêt d'une entente avec nous. Vous pouvez lui faire savoir que le Gouvernement de la République ne verrait que des avantages à ce que, si les circonstances lui semblent favorables, il demande à ses voisins siamois, comme il l'a suggéré, des concessions de travaux, forêts, mines ou autres avantages économiques intéressant notre Colonie.

DELCASSÉ.

N° 35.

M. DELCASSÉ, Ministre des Affaires étrangères,
à M. GUILLAIN, Ministre des Colonies.

Paris, le 23 avril 1899.

J'ai eu ce soir une longue conférence avec le Ministre de Siam. Il résulte de cet entretien que nous sommes séparés, quant au règlement des Protections, par des questions de principe, et que, même sur les questions de fait, un accord sera particulièrement laborieux. Ces discussions d'ordre technique ne sauraient être résumées utilement dans un télégramme. Je me bornerai donc à vous faire part de mon impression d'après laquelle, si le Gouvernement siamois voulait envoyer à son représentant, qui m'a déclaré les solliciter, des instructions réellement conciliantes, un accord ne serait peut-être pas impossible grâce à mon propre désir d'entente. C'est à obtenir ces directions générales conciliantes que pourrait s'employer le plus utilement M. Doumer, puisqu'il croit rencontrer autour de lui des dispositions amicales.

DELCASSÉ.

N° 36.

M. Guillain, Ministre des Colonies,
    à M. Delcassé, Ministre des Affaires étrangères.

Paris, le 23 avril 1899.

J'ai l'honneur de vous adresser, ci-joint, copie d'un télégramme que je viens de recevoir de M. le Gouverneur général de l'Indo-Chine.

ANNEXE.

M. Doumer, Gouverneur général de l'Indo-Chine,
    à M. Guillain, Ministre des Colonies.

Bangkok, le 21 avril 1899.

Je viens d'avoir une dernière entrevue avec le Roi, où nous sommes arrivés à la conclusion de nos précédents entretiens. J'ai demandé au Roi, puisqu'il était, comme nous, décidé à établir des relations de mutuelle confiance et d'amitié entre nos deux pays, d'en donner des preuves et de montrer qu'il entend rendre aux Français la part d'influence à laquelle ils ont droit au Siam. Après examen de la situation, il a été convenu :

1° Que le Roi allait demander immédiatement au Gouvernement français un ingénieur des ponts et chaussées, pour être mis à la tête du Service des travaux publics du Gouvernement local, qui comprend la ville et le port de Bangkok;

2° Que l'enseignement du français serait rendu obligatoire dans les collèges du Siam et des professeurs français appelés à les diriger.

En retour, je me suis engagé à vous demander l'acceptation des solutions suivantes aux questions actuellement en discussion :

1° Tous protégés actuellement inscrits sont reconnus par le Siam; la Légation de France fera elle-même la revision des listes et éliminera les noms inscrits par fraude ou erreur. Pour l'avenir, les Annamites, Laotiens, Cambodgiens venus s'établir au Siam seront protégés Français jusqu'à la seconde génération; les petits-fils seront sujets siamois. Les Chinois pourront être protégés français s'ils sont nés dans une possession française où y ont un établissement quelconque;

2° Zone de 25 kilomètres. La clause du traité de 1893 est maintenue, mais il est entendu que nous lui donnerons une interprétation strictement militaire, que le texte semble d'ailleurs indiquer, et que nous n'y entraverons pas l'administration siamoise.

3° Le Gouvernement siamois nous cède les provinces de la rive droite du royaume de Luang-Prabang;

4° Nous évacuons Chantaboun, qui est, du reste, pour nous sans valeur stratégique, politique ou économique.

Je crois que ces conditions nous sont en tous points favorables et qu'elles représentent le maximum de ce qui pourrait être obtenu. Je demande instamment au Gouvernement de les accepter; notre situation au Siam est mauvaise pour notre intérêt. Nous pouvons aujourd'hui la modifier profondément et reprendre ici en peu de temps notre place. Les rapports d'amitié que j'ai noués avec le Roi et ses frères m'ont aidé à arriver à un résultat presque inespéré.

Je prie le Ministre des Affaires étrangères de donner pouvoir à notre Chargé d'Affaires de signer, sur les bases indiquées ci-dessus, un arrangement avec le Roi de Siam. Tout est prêt et peut se terminer immédiatement.

Je quitte Bangkok pour Saïgon demain matin.

DOUMER.

N° 37.

M. GUILLAIN, Ministre des Colonies,
  à M. DELCASSÉ, Ministre des Affaires étrangères.

Paris, le 23 mai 1899.

J'ai l'honneur de vous adresser ci-joint le rapport que vient de me transmettre M. le Gouverneur général de l'Indo-Chine sur son voyage à Bangkok.

GUILLAIN.

ANNEXE.

M. DOUMER, Gouverneur général de l'Indo-Chine,
  à M. GUILLAIN, Ministre des Colonies.

Saïgon, le 24 avril 1899.

MONSIEUR LE MINISTRE,

Je rentre à Saïgon venant de Bangkok et je tiens à confirmer aussitôt et à compléter par la présente dépêche, les renseignements sur mon voyage que j'ai eu l'honneur de vous transmettre par la voie du câble.

J'ai eu avec le Roi de Siam de nombreuses et longues conversations politiques, qui ont très vite pris un caractère de cordialité et de confiance.

Notre conclusion fut que le Siam, comme la France, avaient intérêt à se rapprocher et à s'unir.

Je demandais à Sa Majesté de nous prouver, de prouver à l'opinion publique en France, que la situation était changée, en faisant cesser l'exclusion qui frappait les Français dans le choix des Conseillers européens des grandes administrations siamoises et en facilitant les entreprises françaises au Siam.

J'ai cru devoir réclamer pour nos ingénieurs l'organisation et la direction du service des travaux publics, tout à fait insuffisant au Siam. Il a été possible au Roi de nous demander immédiatement un ingénieur qui aura spécialement à s'occuper de travaux d'adduction d'eau et d'assainissement de la ville de Bangkok. C'est le poste sinon le plus élevé des services de travaux publics, du moins le plus important à l'heure actuelle.

En ce qui concerne l'Enseignement public, il a été entendu avec le Roi que pour faciliter les relations d'amitié et les relations d'affaires avec les Français, l'enseignement de la langue française serait donné dans tous les collèges du Siam, et qu'il serait fait appel, à cet effet, à des professeurs français. De plus le soin des recherches archéologiques au Siam nous sera confié et la Direction du Musée de Bangkok sera donnée à un Français.

Le Roi tenait à cœur de résoudre, si c'était possible, dans nos conversations, les questions en litige depuis longtemps entre la France et le Siam, convaincu que si nous tombions d'accord, le Gouvernement français accepterait un arrangement sur les bases qui nous paraîtraient équitables à tous deux. Je fis connaître à Sa Majesté que je n'avais pas de pouvoir pour négocier et traiter, mais que je m'engagerais volontiers à présenter et à recommander à mon Gouvernement les solutions que nous aurions pu envisager.

C'est ainsi que nous sommes arrivés, après de longues discussions, aux conclusions qui sont résumées dans une note que j'ai remise au Roi pour préciser nos conversations et qui est reproduite ci-dessous :

« En outre de ce qui a trait, d'une manière générale aux rapports d'amitié et de
« mutuelle confiance à établir entre les deux Gouvernements, et aux demandes pré-
« sentes ou futures de fonctionnaires français par le Gouvernement siamois, il est
« résulté de nos conversations avec le Roi de Siam, qu'il était possible de donner
« une solution aux questions en litige sur les bases suivantes :

« 1° Question des protégés français.

« En ce qui concerne le passé, les listes de protégés actuellement existantes sont
« reconnues par le Gouvernement siamois. La légation de France fera elle-même la
« revision des listes et éliminera les noms inscrits par fraude ou erreur.

« Pour l'avenir, les Annamites, Laotiens, Cambodgiens, venus s'établir au Siam,
« seront protégés français jusqu'à la seconde génération. Les petits-fils seront sujets
« siamois. Les Chinois pourront être inscrits comme protégés français, s'ils sont nés
« dans une possession française, ou s'ils y possèdent un établissement;

« 2° Zône de 25 kilomètres.

« La clause du traité de 1893 relative à la zône des 25 kilomètres, sera inter-
« prétée comme ayant un caractère purement militaire. L'administration siamoise
« pourra s'y exercer comme dans le reste du Royaume;

« 3° Luang-Prabang.

« Le Gouvernement siamois cède à la France les provinces de la rive droite du « royaume de Luang-Prabang;

« 4° Chantaboun.

« La France retirera de Chantaboun la garnison qu'elle y a entretenue jusqu'ici.»

N° 38.

M. Delcassé, Ministre des Affaires étrangères,
    à M. Ferrand, gérant le Consulat général de France à Bangkok.

Paris, le 4 juillet 1899.

Le Gouvernement siamois contestant absolument la réalité des concessions qu'il aurait promises à M. Doumer en échange de celles que le Gouverneur général lui avait proposées, j'ai invité Phya Suriya à me faire connaître par écrit, pour éviter tout malentendu et toute équivoque, les vues du Siam.

Les voici :

I.

Le Gouvernement siamois accepte la liste actuelle des ressortissants et protégés français étant bien convenu :

1° Que cette liste ne comprend pas plus de quatorze mille personnes inscrites;

2° Que ce chiffre maximum de quatorze mille ressortissants et protégés s'établit en comptant individuellement, outre les chefs de famille, tous les membres de ces familles âgés de plus de dix-huit ans;

3° Que toutes les inscriptions qui auraient été obtenues par des moyens frauduleux et celles résultant de certificats délivrés en blanc, ou par des agents non qualifiés seront éliminées de la liste, laquelle comprendra uniquement les noms de personnes rentrant dans une des catégories suivantes :

a) Citoyens nés ou naturalisés français;

b) Indigènes nés dans les colonies françaises ou dans un pays placé sous le protectorat de la France;

c) Individus nés sur la rive gauche du Mékong et amenés contre leur volonté sur la rive droite, ou dont le père se trouverait dans ce cas.

Aucun individu, même originaire de la rive gauche du Mékong ne pourra être maintenu sur la liste des protégés français, s'il a accepté un titre ou une fonction du Gouvernement siamois, ou s'il est venu ou si ses ancêtres sont venus s'établir volontairement au Siam.

Les sujets chinois sont également exclus de ladite liste.

5.

II.

Le Gouvernement français s'engage à remettre au plus tard dans un délai de trois mois la liste de ses ressortissants au Gouvernement siamois qui aura un délai de deux ans, à partir du jour où la susdite liste lui sera remise, pour contester toute inscription qui ne lui paraîtrait pas conforme aux principes établis dans l'article rᵉʳ précédent, et le Gouvernement français s'engage en ce cas à procéder à une enquête sur l'inscription contestée et à communiquer au Gouvernement siamois le résultat de ladite enquête.

III.

A partir de ce jour, aucune personne née ou habitant au Siam ne pourra plus être inscrite sur la liste des protégés français en considération du fait qu'elle-même, ou un de ses ascendants, aurait été amené contre sa volonté de la rive gauche sur la rive droite du Mékong. Si parmi les personnes inscrites antérieurement il y en a qui déclarent qu'elles entendent habiter le Siam en qualité de sujets siamois, elles seront dorénavant considérées comme tels.

IV.

Tout individu né sur territoire siamois d'un père né également sur territoire siamois sera toujours sujet siamois (sauf les citoyens français).

V.

Tous ressortissants ou protégés français, autres que les citoyens français seront soumis aux lois siamoises et à la juridiction des tribunaux siamois.

VI.

Les restrictions à la souveraineté du Siam dans la zône de 25 kilomètres et dans les provinces de Battambâng et de Siemreap, telles qu'elles résultent des articles 3 et 4 du traité du 3 octobre 1893, n'ont qu'une portée purement militaire, et l'administration dans ce territoire sera entièrement entre les mains des autorités siamoises comme dans le reste du Siam.

VII.

En ce qui concerne la partie siamoise de la principauté de Luang-Prabang située sur la rive droite du Mékong, le Gouvernement siamois, déférant à la demande du Gouvernement français, consent à l'administration de ce territoire par le chef actuel de Luang-Prabang, sous la souveraineté de Sa Majesté le Roi de Siam, laquelle reste entière conformément au *statu quo* antérieur au traité du 3 octobre 1893.

VIII.

Le présent arrangement étant considéré comme l'exécution complète des stipulations de la convention concernant l'exécution du traité de paix et de l'ultimatum de 1893, le Gouvernement français s'engage à ordonner immédiatement l'évacuation complète de Muang-Chantaburi par les troupes françaises.

Ces propositions, où il n'est même pas fait allusion à la promesse d'engagement d'un ingénieur français et à l'obligation de l'enseignement du français dans les collèges du Siam, sont telles, et en tel désaccord avec ce qu'avait fait prévoir M. Doumer, qu'une prolongation des négociations n'avait plus aucune utilité. Elles seront reprises prochainement par M. Defrance à Bangkok.

DELCASSÉ.

N° 39.

M. DELCASSÉ, Ministre des Affaires étrangères,
à M. DEFRANCE, Chargé des fonctions de Ministre résident à Bangkok.

Paris, le 18 juillet 1899.

Vous connaissez les motifs qui rendent nécessaire votre retour prochain à Bangkok, afin d'y reprendre, dans le plus bref délai possible, avec le Gouvernement siamois, les négociations qui n'ont pu aboutir à Paris avec le Phya Suriya.

Je vous serai obligé de prendre vos dispositions pour vous embarquer sur le paquebot qui doit quitter Marseille le 30 de ce mois. Vous recevrez d'ici là des instructions qui vous feront connaître les vues du Gouvernement de la République au sujet des pourparlers que vous aurez à suivre avec le Gouvernement royal.

DELCASSÉ

N° 40.

M. DELCASSÉ, Ministre des affaires étrangères,
à M. DEFRANCE, Chargé des fonctions de Ministre résident à Bangkok.

Paris, le 11 août 1899.

MONSIEUR,

En vous invitant à rejoindre votre poste à bref délai, j'ai, vous le savez, principalement en vue de tenter un nouvel effort pour arriver au règlement des difficultés pendantes entre le Gouvernement de la République et le Gouvernement siamois et négocier, s'il est possible, un arrangement dont l'application loyale rétablirait la cordialité des relations entre les deux pays.

Je crois utile de rappeler tout d'abord les motifs qui m'ont paru nécessiter l'interruption et le transfert à Bangkok des négociations en cours à Paris.

Au mois d'octobre dernier, le Gouvernement siamois a exprimé le désir de mettre à profit votre séjour en France en vue des pourparlers que vous aviez essayé, en vain, d'ouvrir utilement à Bangkok. Ces négociations auxquelles devaient servir de base les entretiens qu'avaient eus mon prédécesseur avec le Roi de Siam pendant le séjour de Sa Majesté à Paris, au mois de septembre 1897, visaient le règlement des trois principales questions qui nous divisent, savoir :

1.º L'exercice de notre droit de protection;

2° Le régime applicable aux territoires de Luang-Prabang situés sur la rive droite du Mékong;

3° L'interprétation des clauses afférentes à la zone de 25 kilomètres.

En accédant à l'ouverture des négociations à Paris, j'avais lieu de craindre sans doute que le bon vouloir présumé du Roi ne trouvât pas sa pleine expression dans les instructions que le Ministre des Affaires étrangères du Siam adresserait à son Agent en France.

Je ne crus pas néanmoins devoir me refuser à donner cette preuve de bonne volonté; c'est pourquoi je vous ai chargé de nous mettre en rapport avec le Phya Surya.

Au cours de vos conférences, la question de la protection a pu seule être abordée.

Dans notre désir d'arriver à une entente, nous nous sommes déclarés prêts à consentir des sacrifices appréciables. Nous avons offert :

1° De reviser scrupuleusement toutes les listes des ressortissants français inscrits actuellement dans nos Consulats;

2° De limiter à une année le délai pendant lequel pourront encore être inscrits les individus rentrant dans la catégorie que vise l'article 4 de la Convention de 1893;

3° De nous borner à inscrire ceux des individus rentrant dans cette catégorie qui auraient été transportés eux-mêmes, ou dont les auteurs auraient été transportés comme prisonniers de guerre;

4° De ne plus inscrire à l'avenir parmi nos ressortissants chinois que ceux qui justifieraient d'être nés sur nos possessions ou d'y posséder un établissement;

5° De limiter, sous certaines restrictions, la durée de la protection française à deux générations.

Le Gouvernement siamois, malgré toutes ces concessions, n'a abandonné aucune de ses prétentions.

Sur ces entrefaites, le Gouverneur général de l'Indo-Chine, invité par S. M. Chulalongkorn, se rendait à Bangkok et, au cours de ses entretiens, établissait directement avec le Roi des bases d'arrangements qu'il soumettait à l'approbation du Gouvernement de la République, et dont je vous ai déjà donné connaissance. Elles étaient ainsi conçues :

1° Le Roi demanderait au Gouvernement français un ingénieur des Ponts et Chaussées qui serait mis à la tête des Travaux publics pour la ville et le port de Bangkok;

2° L'enseignement du Français serait rendu obligatoire dans les collèges du Siam, que des professeurs français seraient appelés à diriger.

De son côté le Gouverneur général de l'Indo-Chine s'engagerait à demander au Gouvernement de la République l'acceptation des clauses suivantes :

1° D'une part, tous les protégés actuellement inscrits seraient reconnus par le Siam, mais de l'autre, notre Légation ferait elle-même la revision des listes et éliminerait les noms inscrits par fraude ou par erreur. A l'avenir, les Annamites, Laotiens et Cambodgiens venus au Siam pour s'y établir, ne seraient protégés français, que jusqu'à la seconde génération, les petits-fils devenant sujets siamois. Les Chinois pourraient être inscrits comme protégés français, mais seulement s'ils étaient nés dans une possession française ou s'ils y avaient un établissement quelconque;

2° La clause du traité de 1893 relative à la zone de 25 kilomètres serait maintenue, mais avec une interprétation strictement militaire, et nous ne ferions pas obstacle sur ce territoire au fonctionnement de l'Administration siamoise;

3° Le Gouvernement royal nous céderait les provinces du royaume de Luang-Prabang situées sur la rive droite du Mékong;

4° Par contre, nous procéderions à l'évacuation de Chantaboun.

Telles sont les bases d'arrangement dont il importerait, que vous prissiez entière connaissance de la bouche de M. Doumer, auprès de qui vous aurez à vous renseigner d'une façon complète en vous arrêtant à Saïgon si vous devez réussir à l'y rencontrer. Cette précaution est d'autant plus utile que le Ministre du Siam à Paris ne paraît pas avoir reçu d'instructions conformes aux dispositions de l'accord préparé, nous a-t-on dit, avec son Souverain. Afin de préciser la situation, en effet, le Phya Suriya ayant été prié d'exposer par écrit ses propositions définitives, m'a adressé un projet d'arrangement dont la substance vous a été communiquée. Dans ce projet, toutes les concessions proposées par M. Doumer et mentionnées au cours des pourparlers sont regardées comme acquises, tandis que le Gouvernement siamois maintient ses exigences. Les conditions exposées par le Phya Suriya sont ainsi en contradiction manifeste avec celles que nous a transmises M. Doumer.

Je passe aux questions spéciales qui feront l'objet de vos négociations.

En ce qui concerne la question de la protection, votre effort doit consister à maintenir le principe de la reconnaissance, par le Gouvernement siamois, des inscriptions déjà opérées sur nos listes.

Quant au droit qui nous serait réservé, suivant le projet d'accord que je vous avais prié de me soumettre avant votre départ, d'inscrire pendant le délai d'une année les déscendants de captifs, vous avez indiqué avec raison qu'à la rigueur nous pourrions y renoncer, à titre de concession nouvelle. Vous aurez à juger sur place si nous avons intérêt à céder sur ce point et à ne pas insister pour recevoir sous notre protection ceux de ces asiatiques qui n'y ont pas encore fait appel.

Les conditions requises pour être inscrit à l'avenir comme ressortissant français, telles qu'elles figurent dans votre note, ne paraissent de nature à soulever aucune difficulté.

Il semble bien qu'au sujet de ces questions concernant la protection, les concessions viennent presque exclusivement de notre part et qu'elles soient définitives et précises. Au contraire, les avantages qui ont été promis à M. Doumer semblent l'avoir été, les uns dans une forme très vague, les autres pour une échéance indéterminée, si bien qu'il reste difficile d'en apprécier l'exacte importance et d'en escompter la réalisation. Toutefois, si le Gouvernement siamois faisant honneur à la parole royale, se prêtait à préciser les engagements dont il s'agit, ceux-ci pourraient acquérir une valeur réelle, suffisante pour justifier de sérieuses concessions en ce qui touche l'exercice de notre protection.

Le règlement de la question des territoires de Luang-Prabang situés sur la rive droite du Mékong, tel qu'il est prévu dans votre projet, constitue une solution acceptable.

Pour la zone de 25 kilomètres, vous devrez, suivant les propositions formulées par vous, veiller au maintien des clauses du Traité de 1893 ayant un caractère militaire. Vous aurez, en outre, à faire insérer dans l'arrangement à intervenir les dispositions nécessaires, aussi bien pour affirmer nos droits de police sur le Mékong et dans le Grand Lac, que pour prévenir toute tentative de modification dans le régime actuel des provinces de Battambang et de Siem Reap.

J'ajouterai, enfin, qu'il me paraît prématuré de la part des Siamois de demander que Chantaboun soit évacué par nos troupes. L'occupation de cette ville constitue la garantie que nous avons entendu retenir, après les engagements contractés en 1893. Ce n'est pas dans le moment où nous réclamons encore avec insistance l'exécution, toujours retardée, des promesses de la Cour de Bangkok, que nous pouvons nous dessaisir du gage dont nous sommes en possession. Il dépendra du Roi de Siam et de ses Conseillers de nous inspirer une suffisante confiance dans la sincérité de leurs dispositions, pour que cette occupation n'ait plus de raison d'être prolongée.

Delcassé.

N° 41.

M. Defrance, chargé des fonctions de Ministre Résident à Bangkok,
à M. Delcassé, Ministre des Affaires étrangères.

Bangkok, le 6 octobre 1899.

J'ai eu, avant-hier et hier, deux longues conférences avec le Ministre des Affaires étrangères. J'ai dû constater qu'il n'y a eu, en réalité, entre le Roi et le Gouverneur général, accord que sur ces points : cession des territoires de Luang-Prabang sur la rive droite et évacuation de Chantaboun. Le Ministre des Affaires étrangères m'a affirmé que jamais le Roi n'avait approuvé la note personnelle et confidentielle qui lui a été envoyée par M. Doumer au moment de son départ. Il m'a présenté une autre note, différant essentiellement de celle que nous connaissons, en me disant qu'elle avait été rédigée par le Roi lui-même et remise la veille de son départ à M. Doumer. Nous nous trouvons en présence du plus grave des malentendus. Le Gouvernement royal est bien d'accord avec nous pour prendre comme bases générales des négociations les résultats des conversations qui avaient eu lieu entre le Roi et le Gouverneur général, mais ces résultats qui pour nous sont ceux mentionnés dans la note de M. Doumer au Roi, sont pour les Siamois ceux énumérés dans la note du Roi à M. Doumer et les deux notes divergent sur la plupart des points.

La question de la protection est tout entière à discuter et à régler. Le Ministre a été jusqu'à demander communication préalable de nos listes. Le Gouvernement Siamois a la prétention de limiter à la seconde génération la durée de la protection, même pour les citoyens français. Il n'admet pas pour l'avenir que les Chinois ayant établissement dans une possession française, aient droit à la protection.

Malgré ces fâcheuses apparences, je crois le Gouvernement Siamois désireux de traiter, mais je crains qu'il n'y mette comme condition formelle l'évacuation de Chantaboun. Après la promesse faite par le Gouverneur général de l'Indo-Chine, j'estime qu'il ne cédera pas sur ce point.

Si cette prévision se réalisait et si l'obstacle à la conclusion de l'accord était uniquement Chantaboun, Votre Excellence consentirait-elle à promettre évacuation sous certaines conditions à déterminer?

DEFRANCE.

N° 42.

M. DEFRANCE, Chargé des fonctions de Ministre résident à Bangkok,
    à M. DELCASSÉ, Ministre des Affaires étrangères.

Bangkok, le 10 octobre 1899.

Votre Excellence connaît le malentendu en face duquel nous nous sommes trouvés dès le début de la première conférence : le prince Devawongse et moi étions d'accord pour prendre comme bases générales de nos discussions les résultats des entretiens du Gouverneur général avec le Roi ; mais, alors que le prince considérait que ces résultats étaient ceux mentionnés dans la note remise à M. Doumer et non acceptée par lui, je ne pouvais faire autrement que de m'en tenir aux termes de la note envoyée au Roi par le Gouverneur. J'ai expliqué au Ministre des Affaires étrangères que la note qu'il tenait en mains m'était totalement inconnue, que le Gouvernement Français n'en avait jamais eu connaissance, et qu'en conséquence il m'était tout à fait impossible de prendre, ainsi qu'il me le demandait, comme base générale de discussion un document dont nous ignorions absolument les termes. Je n'ai d'ailleurs témoigné aucun désir de connaître cette note que je devais considérer comme non avenue : j'ai pu cependant en parcourir très rapidement les premières lignes qui contiennent une énumération des catégories d'individus qui devraient être considérés comme ayant seules droit à la protection française : le prince m'ayant demandé si je voulais avoir une copie de ce document, je lui ai répondu que je la recevrais volontiers à titre d'information personnelle, mais jusqu'à présent cette copie ne m'a pas été envoyée.

Je me suis tout d'abord attaché à faire admettre par le Ministre le principe de l'acceptation par le Gouvernement Siamois de nos listes d'inscription actuellement existantes et de la revision de ces listes par nous-mêmes. J'ai donné l'assurance que cette revision serait opérée de la façon la plus scrupuleuse et j'ai indiqué les différentes catégories d'individus que nous avions l'intention d'exclure.

Le Prince n'a pas nié que le principe de l'acceptation de nos listes actuelles eût été admis par le Roi, mais il m'a fait entendre que, pour que le Gouvernement Siamois pût accepter ces listes, il était nécessaire qu'il en eût préalablement connaissance.

J'ai nettement déclaré au prince Devawongse que je me refusais à reprendre les discussions de principes que j'avais eues depuis quatre ans, soit avec lui à Bangkok, soit avec le Phya Suyria à Paris ; j'ai ajouté que le Gouvernement Siamois connaissait très bien les différentes catégories d'individus que nous considérions comme ayant droit à notre protection et que, puisqu'il était entendu que tout individu ne rentrant pas dans ces catégories serait exclu par nous, il savait très bien ce que contiendraient nos listes après revision.

Le Prince Devawongse n'insista pas et me proposa de passer à l'examen des autres questions.

Pour le règlement de la question de la protection en ce qui concerne l'avenir, j'ai fait observer que nous acceptions ce qui avait été convenu entre le Roi et M. Doumer et que nous accordions, en somme, tout ce que le Gouvernement Siamois nous avait demandé : abandon du droit d'enregistrer les anciens prisonniers de guerre et leurs descendants, abandon du droit ou de la coutume suivie jusqu'à ce jour de protéger les étrangers n'ayant pas de représentant consulaire au Siam, limitation à deux générations de la durée de la protection pour la descendance des ressortissants français autres que les Européens et les citoyens français.

Le Prince Devawongse me fit des objections au sujet de la faculté qu'auraient de se faire inscrire les Chinois ayant un établissement quelconque dans une possession française. Il ne refusa pas explicitement d'admettre ce principe posé dans la note de M. Doumer au Roi, mais il me fit observer que tous les Chinois s'arrangeraient pour avoir ou pour faire croire qu'ils avaient un établissement dans l'une de nos possessions, alors qu'en réalité ils seraient purement et simplement établis au Siam. Je répondis qu'il serait facile de prendre des précautions pour ne pas se laisser tromper et qu'avec le concours de nos autorités en Indo-Chine, où les Chinois étaient soumis à une surveillance très stricte, il nous serait aisé de contrôler l'exactitude des déclarations que nous feraient les Chinois sollicitant leur inscription. Le prince Devawongse ne se laissa pas convaincre et il exprima l'opinion que les Chinois arriveraient toujours à tromper aussi bien les Autorités françaises de l'Indo-Chine que nous-mêmes et qu'il vaudrait mieux, en conséquence, limiter aux seuls Chinois nés dans une possession française le droit à se placer sous notre protection. J'ai, de mon côté, maintenu le principe sur lequel le Gouverneur général a dit s'être mis d'accord avec le Roi en exprimant ma conviction que nous arriverions très bien à savoir si les Chinois sollicitant leur inscription avaient ou non un établissement quelconque dans nos possessions.

A propos de la limitation à deux générations de la durée de la protection pour la descendance des ressortissants français le Prince Devawongse me fit comprendre qu'en vertu de la loi dont le Phya Suriya avait demandé l'approbation à Votre Excellence le Gouvernement Royal entendait que cette limitation serait applicable même à la descendance des Européens et des citoyens français : je n'ai voulu accepter aucune discussion à ce sujet.

En ce qui concerne la zone de 25 kilomètres j'ai dit au Prince que nous consentions à interpréter comme ayant un caractère purement militaire les clauses du Traité de 1893 relatives à cette zone, et qu'en outre, pour faire disparaître l'une des causes les plus fréquentes des difficultés qui s'étaient produites dans la zone, nous pensions qu'il serait utile de spécifier que les Vice-Consuls de France seraient, à l'exclusion de tous autres agents, les intermédiaires entre les autorités de la rive gauche et celles de la rive droite de même qu'entre les ressortissants français installés sur la rive droite et les autorités locales. J'ai fait ensuite remarquer que les stipulations du Traité de 1893 relatives à la zone de 25 kilomètres étaient également applicables aux provinces de Battambang et de Siem-Reap, que nous n'avions pas d'objections à donner à ces stipulations la même interprétation pour les provinces de Battambang et de Siem-Reap que pour la zone de 25 kilomètres, mais que nous désirions qu'il fût convenu que le régime administratif fonctionnant dans ces Provinces ne serait pas modifié et que les dispositions relatives à la navigation sur le Grand-Lac, sur le Mékong et ses affluents fussent maintenues. Le Prince Devawongse me réepondit qu'il ne comprenait pas pourquoi nous désirions stipuler le maintien du régime administratif actuel des provinces de Battambang et de Siem-Reap, ce régime étant et ayant toujours été le même dans ces deux Provinces que dans tout le reste du Royaume. Il n'est pas exact que les provinces de Battambang et Siem-Reap aient toujours été administrées comme le reste du Royaume, mais il est vrai qu'elles le sont actuellement.

Pour la question des provinces de Luang-Prabang situées sur la rive droite du Mékong, le Prince Devawongse apporta à l'offre de cession faite par le Roi à M. Doumer une restriction dont j'affectai de ne pas comprendre la portée. Il me dit en effet que, naturellement, les territoires dont la cession nous était offerte étaient exclusivement ceux qui étaient placés sous l'administration du Roi de Luang-Prabang en 1893. L'idée du Prince était évidemment de régler ainsi *a priori* et au détriment du Roi de Luang-Prabang les contestations que ce Roi a depuis plusieurs années avec ses voisins et notamment avec le Prince de Nan au sujet de la possession de certains districts. J'ai répondu au Prince qu'il n'était pas à ma connaissance que le Roi de Luang-Prabang eût tenté, depuis 1893, d'augmenter les territoires dont se composait son royaume; qu'à la vérité certaines contestations, déjà anciennes et antérieures à 1893, existaient entre ce Prince et ses voisins au sujet de la possession de certains districts de la frontière, que j'avais même jadis et inutilement proposé au Gouvernement Royal de régler ces contestations et que le plus simple serait de charger une

Commission mixte d'étudier les questions en litige, de régler les contestations et de déterminer la frontière exacte du royaume de Luang-Prabang.

Le Prince Devawongse parut partager mon avis sur la façon de régler cette question et il me demanda d'aborder le dernier point : l'évacuation de Chantaboun.

Je lui ai répondu qu'il ne paraissait pas au Gouvernement de la République que le moment fût encore venu de discuter cette question : le Prince ne put dissimuler son profond désappointement, il me fit observer que l'évacuation de Chantaboun était l'une des bases contenues dans la note du Gouverneur général au Roi, que le Gouvernement Siamois se considérait comme ayant rempli toutes les obligations que lui imposait la Convention et le Traité de 1893, qu'en tout cas, il devrait être considéré comme ayant rempli tous ses engagements lorsque l'arrangement en cours de négociation serait conclu, et il me demanda si nous avions l'intention d'occuper Chantaboun à titre définitif et non plus, comme nous nous y étions engagés, à titre de garantie et par conséquent à titre temporaire.

J'ai répondu que nous avions occupé et que nous occupions Chantaboun à titre de gage de l'exécution du Traité et de la Convention de 1893 ; que ce traité n'était pas exécuté et que la meilleure preuve en était la discussion dans laquelle nous étions engagés pour tenter de mettre un terme à toutes les difficultés résultant de la non-exécution des arrangements de 1893 ; qu'il ne suffirait naturellement pas que des signatures fussent apposées au bas d'une nouvelle convention pour que le traité pût être considéré comme exécuté, mais qu'il faudrait, au contraire, que la nouvelle Convention fût elle-même exécutée ou eût au moins reçu un commencement d'exécution suffisant pour nous donner l'assurance que les engagements pris seront loyalement tenus. « Par l'arrangement en voie de négociation, ai-je ajouté, nous faisons des « concessions considérables et nous renonçons par conséquent à des avantages que « nous avons toujours considérés comme devant résulter pour nous du Traité de 1893. « Comme compensation nous comptons, suivant les promesses faites, que le Gouver-« nement Siamois entretiendra avec nous des relations non seulement courtoises, « mais amicales et cordiales et qu'il abandonnera enfin l'attitude, je puis dire hostile, « dont il ne s'est pas départi à notre égard depuis plusieurs années. Ce qu'il faut, et ce « que nous voulons, c'est que le Gouvernement Royal nous autorise, par son attitude et par ses actes, à avoir dorénavant en lui la confiance que ses procédés ne nous ont « jusqu'à présent pas permis d'avoir, et c'est entièrement de Sa Majesté et du Gouver-« nement Royal qu'il dépend d'inspirer au Gouvernement de la République, dans la « sincérité de leurs dispositions, cette confiance qui fera que l'occupation de Chan-« taboun n'ait plus besoin d'être prolongée. »

D'après l'effet produit sur le Prince Devawongse par ces déclarations, il était facile de se rendre compte de la désillusion qu'il ressentait. Sans aucun doute, Sa Majesté et son Gouvernement, comptant sur la promesse faite par le Gouverneur général, étaient persuadés que nous allions nous déclarer prêts à évacuer Chantaboun.

J'ai ensuite exposé au Prince pourquoi il nous était interdit d'avoir dans le Gouvernement Royal la confiance nécessaire : j'ai parlé de la façon dont nous étions traités au Siam, de l'ostracisme auquel est soumis tout ce qui est français, des étrangers engagés au service siamois alors que le Gouvernement avait toujours refusé d'appeler aucun de nos compatriotes.

Enfin j'ai dit que le Gouvernement Royal avait à sa disposition de nombreux moyens pour regagner notre confiance : qu'il devait d'abord conclure avec nous l'arrangement en cours de discussion, envoyer des ordres formels pour que les autorités sachent bien que tout ce qui est français doit être considéré comme ami et non plus comme ennemi, puis remplir les promesses faites par le Roi au sujet de l'engagement de fonctionnaires français, favoriser les entreprises françaises en accordant les concessions et les autorisations dont plusieurs très importantes lui étaient actuellement demandées par des Français, etc.

Le Ministre des Affaires étrangères me dit qu'il rendrait compte de notre entrevue au Roi qui partait le lendemain matin pour Ratburi et comme je lui demandais quand il désirait me revoir, il me répondit qu'il m'aviserait dès qu'il serait en mesure de reprendre la conversation.

DEFRANCE.

N° 43.

M. DEFRANCE, Chargé des fonctions de Ministre résident à Bangkok,
à M. DELCASSÉ, Ministre des Affaires étrangères.

Bangkok, le 26 octobre 1899.

Le Ministre des Affaires étrangères m'a fait aujourd'hui la déclaration que j'avais prévue. Il m'a formellement dit qu'il était inutile de chercher à nous mettre d'accord sur les différents points en discussion, car le Gouvernement Siamois était absolument décidé à ne rien conclure si nous ne consentions pas tout d'abord à évacuer Chantaboun suivant la promesse du Gouverneur général.

Je n'ai pu que répondre que j'allais vous en référer et les pourparlers se trouvent suspendus de nouveau. Je prie Votre Excellence de m'envoyer de nouvelles instructions sur cette question ou de me faire savoir si je dois m'en tenir à celles qui m'ont été données avant mon départ.

DEFRANCE.

N° 44.

M. DEFRANCE, Chargé des fonctions de Ministre résident, à Bangkok,
à M. DELCASSÉ, Ministre des Affaires étrangères.

Bangkok, le 4 novembre 1899.

Si Votre Excellence consent à évacuer Chantaboun (ou au moins à renouveler spécialement la promesse d'évacuation sous certaines conditions), les pourparlers peuvent être repris et nous arriverons, je crois, à conclure; sinon, toute nouvelle tentative est inutile.

DEFRANCE.

N° 45.

M. Delcassé, Ministre des Affaires étrangères,
à M. Defrance, Chargé des fonctions de Ministre résident, à Bangkok.

Paris, le 15 novembre 1899.

Le Gouvernement a délibéré sur les questions pendantes entre la France et le Siam et notamment sur la déclaration qui vous a été faite par le Ministre des Affaires étrangères à savoir que « le Gouvernement Siamois était absolument décidé à ne « rien conclure si nous ne consentions pas tout d'abord à évacuer Chantaboun suivant « la promesse du Gouverneur général ».

Le Gouvernement Siamois sait très bien qu'il ne tient qu'à lui d'obtenir l'exécution de l'article 6 de la Convention du 3 octobre 1893. Il lui suffit de remplir lui-même au préalable les engagements qu'il a pris soit par le Traité du 3 octobre, soit par la Convention du même jour, et dont l'occupation de Chantaboun est pour nous la garantie.

Vous lui proposerez donc, sur les bases discutées avec le Gouverneur général, un traité précisant et complétant celui de 1893 et dont les conditions seraient les suivantes :

Solution équitable et nette de la question des protégés conformément à vos instructions précédentes;

Suppression des causes permanentes de difficultés avec le Luang-Prabang par la cession pleine et entière à la France de la partie du royaume située sur la rive droite du Mékong;

Maintien, dans les zones déterminées à l'article 3, des clauses militaires des articles 2 à 4, l'administration civile étant réservée aux autorités locales;

Engagement d'un certain nombre de fonctionnaires français et avantages industriels.

Ces conditions acceptées et remplies, l'article 6 de la Convention d'octobre 1893 jouera tout naturellement de lui-même.

Delcassé.

N° 46.

M. Defrance, Chargé des fonctions de Ministre résident à Bangkok,
à M. Delcassé, Ministre des Affaires étrangères.

Bangkok, le 17 novembre 1899.

Dans le cas où le Gouvernement Siamois se contenterait de votre déclaration relative au jeu naturel de l'article 6 de la Convention, je prévois opposition à la clause réservant dans la zone l'administration aux autorités locales. Il objectera certainement que cette stipulation est contraire à la promesse du Gouverneur général.

DEFRANCE.

N° 47.

M. DELCASSÉ, Ministre des Affaires étrangères,
à M. DEFRANCE, Chargé des fonctions de Ministre résident à Bangkok.

Paris, le 18 novembre 1899.

Puisque M. Doumer a fait des promesses relativement à l'administration de la zone réservée et des provinces de Battambang et de Siem-Reap, je vous autorise à ne pas insister sur ce point.

DELCASSÉ.

N° 48.

M. DEFRANCE, Chargé des fonctions de Ministre résident à Bangkok,
à M. DELCASSÉ, Ministre des Affaires étrangères.

Bangkok, le 3 décembre 1899.

Le Gouvernement Siamois me fait tenir sa réponse à la communication que je lui avais faite suivant instructions de vos télégrammes des 15 et 18 novembre, notamment au sujet du jeu naturel de l'article 6 de la Convention de 1893. Il estime que les engagements à prendre d'après nos propositions par les deux parties n'ont pas le même caractère. Ces engagements seraient définis et sans conditions de la part du Siam tandis qu'ils seraient indéfinis et conditionnels de notre part.

DEFRANCE.

N° 49.

M. DELCASSÉ, Ministre des Affaires étrangères,
à M. DEFRANCE, Chargé des fonctions de Ministre résident à Bangkok.

Paris, le 5 décembre 1899.

Si on insiste pour une date ferme de la cessation de l'occupation de Chantaboun, que pensez-vous de la fixation d'un délai de deux mois après signature du nouveau traité et remise à nos autorités du Luang-Prabang, rive droite.

DELCASSÉ.

N° 50.

M. Defrance, Chargé des fonctions de Ministre résident à Bangkok,
à M. Delcassé, Ministre des Affaires étrangères.

Bangkok, le 6 janvier 1900.

J'ai rédigé un projet complet de convention que j'ai remis le 12 au Gouvernement Siamois.

Defrance.

N° 51.

M. Defrance, Chargé des fonctions de Ministre résident à Bangkok,
à M. Delcassé, Ministre des Affaires étrangères.

Bangkok, le 31 janvier 1900.

Voici où nous en sommes :

1° *Protection;* le Gouvernement Siamois nous refuse toujours les petits-fils des transportés. Pour le maintien sur nos listes des étrangers, c'est-à-dire des Chinois, il demande que les noms ne soient maintenus qu'après entente, ce qui revient à une revision mixte. Pour l'avenir, il nous demande de renoncer à inscrire les Chinois « qui « auraient un établissement quelconque dans nos possessions »;

2° Zône de vingt-cinq kilomètres; le Gouvernement Siamois demande de spécifier que l'administration civile siamoise pourra s'exercer librement dans les territoires visés à l'article 3 du Traité;

3° Luang Prabang; le Gouvernement Siamois demande que la frontière de Luang-Prabang, rive droite, soit fixée d'une façon générale dans un article de la Convention et délimitée ensuite sur place par une Commission mixte. Il propose un tracé régularisant, au détriment de Luang Prabang, toutes les contestations existantes. J'espère arriver à faire adopter une frontière plus équitable;

4° Chantaboun; au lieu de la rédaction approuvée par Votre Excellence, le Gouvernement Siamois propose simplement celle-ci: « Le Traité et la Convention de 1893 « sont considérés comme exécutés. »

Defrance.

N° 52.

M. Delcassé, Ministre des Affaires étrangères,
à M. Defrance, chargé des fonctions de Ministre Résident à Bangkok.

Paris, le 20 février 1900.

En me référant à votre télégramme du 31 janvier, je dois constater, une dernière fois, la situation créée par le Gouvernement siamois, en ne reconnaissant nos concessions par aucune concession correspondante, positive et franche.

La négociation actuelle avait pour objet des accords destinés à préciser le Traité de 1893, que nous ne pouvions considérer comme exécuté, alors que toutes nos interprétations en étaient repoussées à Bangkok.

Les résistances du Gouvernement siamois à cette entente nouvelle nous font désespérer d'obtenir cette large exécution qui eût, seule, justifié la sanction de l'évacuation de Chantaboun que le Gouverneur général de l'Indo-Chine, au cours de sa visite à Bangkok, avait acceptée contre la remise de la partie du Luang Prabang située sur la rive droite du Mékong.

Afin de prévenir une rupture, et pour l'avenir même de nos relations, il me paraît que cette situation commande d'interrompre les pourparlers afin de laisser se produire des conditions plus favorables d'entente. Il dépendra du Siam de les préparer en prenant, vis-à-vis de nous, dans l'intervalle, une attitude plus conforme aux nécessités du bon voisinage.

DELCASSÉ.

N° 53.

M. Defrance, Chargé des fonctions de Ministre Résident, à Bangkok,
à M. Delcassé, Ministre des Affaires étrangères.

Bangkok, le 28 février 1900.

J'ai vu hier le Ministre des Affaires étrangères. M'inspirant de votre télégramme du 20 de ce mois, je lui ai amicalement exposé que le Gouvernement siamois ne paraissant pas disposé actuellement à faire les concessions sur lesquelles nous comptions en retour de celles que nous nous étions déclarés prêts à faire, et l'entente moyennant laquelle nous aurions pu consentir à considérer le traité de 1893 comme exécuté, paraissant en conséquence impossible à établir pour le moment, le Gouvernement de la République pensait qu'il était préférable, afin d'éviter une rupture qui serait fâcheuse, de suspendre les négociations jusqu'à ce que des circonstances plus favorables permissent de les reprendre.

J'ai ajouté que le Gouvernement français comptait que le Gouvernement siamois s'arrangerait pour faire naître ces circonstances, et qu'il observerait en attendant une attitude amicale, de façon à éviter les froissements et les difficultés et à rendre cordiaux les rapports de bon voisinage.

Le Ministre des Affaires étrangères répondit qu'il regrettait que l'entente n'ait pas pu s'établir, qu'il était reconnaissant au Gouvernement de la République de la façon amicale dont il suspendait les négociations, que le Siam, comprenant bien la nécessité de vivre en bons termes avec nous qui étions ses voisins immédiats, garderait une attitude conforme à celle que nous comptions lui voir observer, mais que, de son côté, le Gouvernement du Roi pensait ne pouvoir faire aucune autre concession et espérait que le Gouvernement de la République trouverait plus tard quelque base nouvelle à proposer sur laquelle l'entente pourrait enfin s'établir.

DEFRANCE.

N° 54.

M. DELCASSÉ, Ministre des Affaires étrangères,
à M. DEFRANCE, Chargé des fonctions de Ministre Résident à Bangkok.

Paris, le 2 mars 1900.

Je vous remercie de votre télégramme du 28 février et vous autorise à quitter Bangkok.

Notre chargé d'affaires s'appliquera à entretenir de bonnes relations avec le Gouvernement siammois. Il évitera d'accroître dans la pratique les difficultés touchant les protections.

Le Gouvernement siamois, de son côté, pourra manifester les dispositions conciliantes qu'il annonce par sa bonne volonté dans le règlement des affaires courantes et de frontière, peut-être aussi par des appels à des concours français sur le terrain industriel. c'est par la réciprocité de procédés amicaux que l'on ménagera la possibilité d'arrangements ultérieurs.

DELCASSÉ.

N° 55.

M. DEFRANCE, Chargé des fonctions de Ministre Résident, à Bangkok,
à M. DELCASSÉ, Ministre des Affaires étrangères.

Bangkok, le 6 mars 1900.

Pour clore la série des correspondances que j'ai adressées au Département au sujet des négociations avec le Gouvernement siamois, j'ai pensé qu'il serait intéressant de faire la comparaison entre les offres apparentes faites par les Siamois et dont le Gouverneur général avait pris acte, et les offres réelles du Gouvernement siamois.

La note dans laquelle étaient résumées les bases d'arrangement soi-disant établies entre le Gouverneur général et le Roi et qui a été communiquée au Gouvernement français par M. Doumer au moment de son départ de Bangkok, avait trait au règlement des quatre principales questions en litige : Protection, Zone de 25 kilomètres, Luang-Prabang, Chantaboun.

La question de la protection devait être réglée au moyen de concessions mutuelles : nous abandonnions les principes que nous avions jusqu'alors maintenus et d'après lesquels nous admettions à la protection française les anciens habitants de la rive gauche du Mékong transportés au Siam contre leur volonté ainsi que leurs descendants, et les étrangers qui n'ayant pas de représentants au Siam demandaient notre protection. En outre, nous consentions à limiter pour l'avenir à deux générations la durée de la protection pour tous nos ressortissants autres que les citoyens français.

Par contre, le Gouvernement siamois devait reconnaître les listes de ressortissants actuellement existantes et dont nous ferions nous-mêmes la revision; à l'avenir nous devions pouvoir inscrire les individus nés sur nos territoires ainsi que les Chinois nés dans une possession française ou y possédant un établissement.

Contrairement à ces bases d'arrangement et d'après les contre-propositions siamoises, les listes actuellement existantes ne devaient être reconnues qu'après avoir été revisées, non plus d'après les principes jusqu'alors suivis et abandonnés par nous pour l'avenir, mais d'après des règles nouvelles entraînant l'abandon des petits-fils des transportés : en outre, au lieu de s'engager à accepter nos listes lorsqu'elles auraient été revisées par nous-mêmes, le Gouvernement siamois stipulait :

1° Que les noms des étrangers inscrits ne seraient maintenus qu'après un accord préalable entre les deux Gouvernements;

2° Que les inscriptions maintenues par nous et contre lesquelles le Gouvernement siamois aurait des objections à formuler feraient l'objet d'une enquête mixte.

De plus, donnant un effet rétroactif à notre concession relative à la limitation à deux générations de la protection française, le Gouvernement siamois émettait la prétention que tout individu né au Siam et dont le père et le grand-père auraient déjà été inscrits à un titre quelconque fût dès maintenant considéré comme sujet siamois.

Enfin le Gouvernement siamois ne nous reconnaissait plus le droit d'inscrire les chinois ayant un établissement dans l'une de nos possessions.

Pour le règlement des difficultés relatives à la zone de 25 kilomètres nous devions, d'après la note du Gouverneur général, faire tous les sacrifices : abandonnant notre interprétation du traité de 1893, nous admettions que les clauses de ce traité relatives à la zone de 25 kilomètres avaient un caractère purement militaire et que l'administration siamoise pouvait en conséquence s'exercer dans cette zone comme dans le reste du Royaume.

Ces dispositions ont naturellement été maintenues dans le contre-projet siamois mais avec cette aggravation, logique d'ailleurs et nécessairement acceptée par nous, que notre nouvelle interprétation du traité de 1893 s'appliquait non pas seulement à la zone de 25 kilomètres, ainsi qu'il était stipulé dans la note du Gouverneur général, mais à l'ensemble des territoires visés à l'article du traité de 1893, c'est-à-dire également aux provinces de Battambang et Siem-Reap.

Afin de mettre un terme aux difficultés nombreuses suscitées par la prétention des Siamois de s'opposer à l'exercice de l'administration du Roi de Luang Prabang dans les provinces de son royaume situées sur la rive droite du Mékong, le Gouvernement siamois, d'après la note du Gouverneur général, nous cédait purement et simplement toute la partie du territoire de Luang Prabang situé sur la rive droite du grand fleuve. C'était, d'après le Gouvernement royal, une concession qui, par son importance extrème, devait nous décider à accepter tous les sacrifices qu'on voulait exiger de nous.

D'après les contre-propositions siamoises, ce n'était plus le territoire de Luang Prabang rive droite qui nous était cédé, mais une portion seulement de ce territoire, amputé de tous les districts au sujet desquels existaient des contestations entre le Roi de Luang Prabang et ses voisins.

Enfin, d'après la note du Gouverneur général, nous devions retirer de Chantaboun la garnison française qui y est installée depuis 1893, c'est-à-dire nous dessaisir du gage que nous estimons avoir le droit de retenir jusqu'à complète exécution du traité de 1893.

Nous avions en fait accepté ce sacrifice et consenti au retrait de cette garnison en offrant de considérer le traité de 1893 comme exécuté deux mois après la ratification de la convention et lorsque le territoire de Luang Prabang rive droite nous aurait été remis.

D'après les contre propositions siamoises, notre proposition n'était pas acceptée et nous devions nous engager à considérer le traité de 1893 comme exécuté, c'est-à-dire évacuer Chantaboun le jour de la signature de la convention.

En résumé tous les sacrifices que nous étions, d'après la note du Gouverneur général, invités à consentir, étaient maintenus et aggravés par le contre projet siamois : abandon de nos principes dans la question de la protection, limitation à deux générations de la durée de la protection française, avec effet rétroactif donné à notre concession; abandon de notre interprétation des clauses relatives non plus seulement à la zone de 25 kilomètres mais aux provinces de Battanbang et Siam Reap; évacuation de Chantaboun.

Par contre, aucun des avantages promis par le Gouvernement siamois et mentionnés dans la note du Gouverneur général ne figurait intégralement dans le contre projet Siamois : la revision de nos listes était soumise à des règles nouvelles, cette revision ne devait plus en réalité être effectuée par nous-mèmes, les Chinois possédant un établissement dans nos colonies ne pouvaient plus se faire inscrire et le territoire de Luang Prabang rive droite ne nous était plus cédé dans son intégralité.

Defrance.

N° 56.

M. DE PANAFIEU, chargé d'affaires de France à Bangkok,
à M. DELCASSÉ, Ministre des Affaires étrangères.

Bangkok, le 8 septembre 1900.

Au cours d'une audience que j'ai eue cette semaine du Ministre des Affaires étrangères, j'ai pu constater à coup sûr que les dispositions du Gouvernement siamois restaient immuables tant au sujet de la conclusion d'un arrangement destiné à mettre fin aux difficultés actuelles qu'au sujet particulier de la question des protégés.

Après avoir entretenu le Prince Devawongse, au début de l'audience, de plusieurs affaires administratives, je crus devoir lui rappeler les termes des lettres que je lui avais adressées la semaine précédente au sujet des protégés. Le Prince Devawongse ne m'ayant pas donné jusqu'alors l'occasion de parler du fond même de la question des protégés, je m'étais abstenu de l'aborder, me contentant de traiter les questions de fait. L'occasion se présentant cette fois, je crus que peut-être le Ministre des Affaires étrangères m'aurait fait quelques timides ouvertures, indiquant son désir de voir régler cette éternelle question, au moyen de quelques concessions de la part du Gouvernement Royal.

Le Prince Devawongse écouta attentivement mes paroles, qui n'étaient que le résumé des lettres ci-dessus mentionnées et me répondit à peu près textuellement :

« Le Siam est une petite puissance, mais sur la question des protégés il ne peut pas « plus céder que s'il était grande puissance, et toutes les puissances, au courant de « la question, seraient d'accord sur ce point. Nous désirons vivement qu'un accord « intervienne entre nous.

DE PANAFIEU.

N° 57.

M. DELCASSÉ, Ministre des Affaires étrangères,
à M. KLOBUKOWSKI, Ministre de France à Bangkok.

Paris, le 25 juillet 1901.

MONSIEUR, en vous désignant pour occuper le poste de Ministre de France au Siam, le Gouvernement de la République a entendu vous témoigner une confiance que vous saurez justifier, je n'en doute pas, en réussissant à améliorer nos rapports avec ce pays de manière à nous y assurer la part d'influence que nous devons y exercer nécessairement et légitimement.

Les instructions que j'ai l'honneur de vous adresser ici tracent la voie qui paraît devoir être la plus opportunément suivie à cet effet. Elles seront complétées et précisées sur certains points, le moment venu, grâce aux observations que vous inspirera la pratique de votre mission et qui rencontreront de ma part la plus bienveillante attention.

La situation actuelle du Siam se résume en ceci que, malgré le traité de 1893 et surtout depuis ce traité, les Siamois nous ont tenus, autant qu'ils l'ont pu, à l'écart de leur vie politique, administrative et économique. Ayant forcément à compter avec des éléments européens, ils se sont appliqués, dans la partie du Royaume qui n'est pas affectée par l'arrangement franco-anglais de 1896, c'est-à-dire dans le bassin du Ménam, à introduire divers éléments étrangers, l'élément français excepté, toutes les fois qu'ils ont dû rechercher des concours extérieurs pour réaliser certains progrès ou des réformes qui s'imposaient à eux. Il en résulte que de nombreuses influences se font sentir pratiquement au Siam, sauf la nôtre, qui devrait être au premier rang et que les Siamois sont parvenus, en fait, à éliminer.

Il importe d'étudier les causes de cet état de choses, d'examiner s'il est possible de les faire disparaître, et, si nous devions rencontrer de ce côté des impossibilités ou des résistances, de rechercher quelle devrait être notre ligne de conduite. En tout état de cause, en effet, cette situation anormale ne saurait se perpétuer.

Une des causes du mal, c'est que, dans sa rédaction, le traité qui a clos les incidents de 1893, manquait, il faut le reconnaître, de précision sur un certain nombre de points. Sans doute, il eût appartenu aux Siamois, s'ils eussent été bien inspirés, de ne pas se prévaloir imprudemment de ces obscurités ou de ces lacunes, d'en revenir sincèrement à une attitude amicale, d'appliquer le Traité, non seulement dans sa lettre, mais aussi dans son esprit, de remettre, après la crise, les rapports des deux pays dans un état favorable. Leur ressentiment survivant à l'accord de 1893, ils ont préféré s'appliquer à réduire les effets du Traité et ne nous accorder que ce qu'ils ne pouvaient absolument pas nous refuser, soit en droit, soit en fait.

Cette conduite ne pouvait pas ne pas influer sur la nôtre. En présence de ce parti de ne pas tenir compte des arrangements intervenus, nous avons dû faire sentir notre mécontentement ; nous avons été amenés à chercher le moyen de tirer du Traité les interprétations les plus larges, de telle sorte que le malentendu entre les deux pays n'a fait que s'accroître. Ainsi s'est créée la situation actuelle pleine d'inconvénients et de dangers.

Au moment où commencera votre mission, vous aurez à faire comprendre au Gouvernement Siamois qu'il dépend encore de lui qu'elle inaugure une ère nouvelle au profit commun. Vous vous efforcerez de lui faire saisir l'impossibilité pour les deux pays voisins d'être indifférents l'un à l'autre : ou bien ils seront amis et les incidents quotidiens qui naissent de leur contact se régleront sans effort grâce à cette amitié, ou bien leurs relations, déjà peu cordiales, se tendant de plus en plus du fait de ces incidents traités dans un esprit peu amical, on risquera nécessairement qu'un différend quelconque n'amène enfin entre eux un conflit inégal, et ne conduise à des éventualités graves.

La principale source des difficultés qui se produisent constamment entre notre Légation et l'Administration Siamoise se trouve, vous le savez, dans la pratique des Protections.

Les Siamois se sont refusé à reconnaître les titres de nos ressortissants. En fait, la protection n'a existé que sur le papier dans un trop grand nombre de cas. Sans doute une cause permanente d'embarras a été créée au Siam, mais cela a été sans bénéfice bien appréciable pour nous. Il n'en reste pas moins que les atténuations que nous viendrions à apporter à notre système auraient pour le Gouvernement Siamois une importance considérable. Le jour où nous nous prêterions à des concessions sur ce point, nous serions donc fondés à en réclamer la contre-partie, et principalement à demander qu'en échange de ce moyen d'influence il nous en soit accordé d'autres qui, tout en étant plus efficaces, seraient sans inconvénients pour le Siam et même favorables à son développement.

Quant à ce que nous pouvons abandonner de nos prétentions, en matière de protection, vous n'aurez, pour vous en rendre compte, qu'à vous reporter aux négociations qui ont été suivies successivement à Paris et à Bangkok.

Il vous appartiendra de voir, selon la marche des négociations et suivant ce qu'il vous paraîtra possible d'obtenir en échange, jusqu'où il conviendra d'aller. Les seules limites formelles que nous devions tracer à l'heure actuelle, résultent, d'une part, du texte strict du traité de 1893 que nous ne pouvons laisser mettre en question, et, d'autre part, de cette considération que nous ne saurions admettre en aucun cas d'être moins bien traités, en matière de protection, que le Gouvernement britannique, tant en ce qui touche le droit pour notre Légation d'inscrire des protégés qu'en ce qui touche la juridiction à laquelle ces protégés seront soumis dans le Royaume.

Si je ne crois pas opportun de fixer autrement ici la limite des concessions que vous seriez libre de consentir dans la question des protections, c'est, en grande partie, parce qu'en échange du bon vouloir général sur lequel nous voudrions pouvoir compter désormais de la part du Siam, nous n'avons guère à lui offrir, quant à présent, que ce qui pourra lui être accordé sur ce terrain.

Il ne nous est pas loisible, en effet, comme on le voudrait à Bangkok, d'envisager l'évacuation de Chantaboun comme devant inaugurer une ère amicale; elle reste à nos yeux, comme il est dans l'esprit du traité, la consécration d'une politique de rapprochement bien établie. Une pratique loyale de cette politique nouvelle durant une période assez longue serait donc de toute façon la condition préalable de l'abandon du gage qu'a immobilisé la prudence des négociateurs de 1893.

Puisqu'il s'agirait d'obtenir le rétablissement des bons rapports entre les deux pays, il convient de marquer comment nous entendons qu'ils puissent être assurés.

Comme vous l'avez indiqué vous même, il faut pour qu'ils existent, que la stricte observation de la clause de l'article 3, relative à la zone de 25 kilomètres, nous affirme que le Mékong sera considéré comme un fleuve exclusivement français ; et il faut en outre qu'une juste part soit donnée à la France relativement aux autres Puissances dans les Conseils comme dans les diverses entreprises et dans les administrations du Siam.

Le Gouverneur général de l'Indo-Chine, lors de son voyage à Bangkok en 1899, avait cru obtenir des promesses dans ce sens; elles se sont aussitôt montrées vaines, soit qu'il y ait eu malentendu dès l'origine, soit que les Siamois aient profité de la première occasion pour se dérober à leurs engagements. Réelles ou non, ces promesses vous fourniront une indication utile quant à un programme sur lequel il est démontré que les Siamois ne se refusent pas à des pourparlers. Sans d'ailleurs que l'énumération en soit limitative, vous aurez donc à utiliser ces données, tout en recherchant, suivant les circonstances, quelles autres concessions vous pourriez demander avec chance de les obtenir.

C'est ainsi que vous avez parlé vous-même de l'installation temporaire à Battambang, pendant la période favorable aux transactions, d'un bureau de la Banque de l'Indo-Chine, faisant aux indigènes des prêts sur les récoltes. L'entreprise paraîtrait utile aux deux parties. Pour la réaliser, vous auriez à négocier avec les Siamois en vue d'obtenir que ce bureau puisse fonctionner librement, dans les mêmes conditions que la succursale de la Banque établie à Bangkok, et qu'aucune entrave ne soit apportée à ses opérations. Cette suggestion nons donnera peut-être un premier moyen de nous assurer des dispositions générales des Siamois.

La présence à Battambang d'un Agent français aurait le double avantage de nous permettre de protéger à ses débuts les opérations de la Banque, et de nous fournir des renseignements sur cette partie du Royaume, si intéressante à notre point de vue.

Dans ce but, je verrais un avantage sérieux à investir cet Agent du titre de Vice-Consul, comme l'article 8 du traité de 1893 nous en donne le droit.

En ce qui concerne le Luang-Prabang, nous ne saurions abandonner les justes prétentions de ce pays sur la rive droite du Mékong en sanctionnant les empiètements successifs du Siam. Vous aurez soin de maintenir les revendications que nous avons formulées depuis 1893, tout en laissant entendre aux Siamois que nous sommes prêts à rentrer en pourparlers avec eux pour délimiter équitablement les territoires contestés. Quand vous m'aurez fait connaître comment ces négociations pourront être reprises et conduites, j'examinerai de nouveau la question avec vous. Nous ne saurons d'ailleurs que plus tard dans quelles limites le bon vouloir que nous constaterions sur d'autres points de la part du Gouvernement siamois, justifierait, de la nôtre, à propos de cette contestation, quelque atténuation à la rigueur de nos revendications.

Pour le cas où, s'obstinant dans ses défiances actuelles, le Gouvernement siamois ne se prêterait pas à modifier son attitude, il faut rechercher au moyen de quelles sanctions nous réussirions à lui en faire sentir la nécessité. Je retiens volontiers à ce sujet vos propres suggestions, m'en remettant à vous de réaliser successivement les mesures proposées, au moment opportun, en en ménageant la gradation de manière à leur faire produire leur maximum d'effet. C'est ainsi que nous pourrions d'abord marquer notre mécontentement, en exécutant à Chantaboun des travaux d'aménagement et de réparation des bâtiments dans lesquels sont logées nos troupes d'occupation. Ces dispositions, qui feraient présumer une prolongation de notre séjour à Chantaboun, inquiéteraient sans doute le Gouvernement royal, sans prêter à des réclamations; et s'il témoignait de ses préoccupations, il serait aisé de lui faire comprendre que son attitude même nous oblige à constater que le moment de l'évacuation ne semble pas se rapprocher et que nous devons en conséquence améliorer matériellement une installation dont le terme se laisse de moins en moins prévoir. Dès à présent, le Gouvernement siamois doit sentir que le fait même de la prolongation de notre occupation tend, par la force des choses, à en modifier peu à peu le caractère. Par cela seul que le pavillon français aura flotté plus longtemps sur ce point, il deviendra plus malaisé de l'en retirer. Des habitudes seront prises, des intérêts se seront créés qui opposeront des difficultés croissantes à notre départ, il y aura là des résistances dont le Gouvernement de la République devra tenir compte. Le Gouvernement siamois, s'il est sage, en tirera des conséquences qu'au besoin vous l'aiderez à apercevoir.

N° 58.

M. Klobukowski, Ministre de France à Bangkok,
à M. Delcassé, Ministre des Affaires étrangères.

Bangkok, le 19 septembre 1901.

Réception courtoise, mais situation plus mauvaise encore que nous supposions. J'espère que l'application ferme du programme du Gouvernement produira de bons résultats.

Klobukowski.

N° 59.

M. Delcassé, Ministre des Affaires étrangères,
à M. Klobukowski, Ministre de France à Bangkok.

Paris, le 26 septembre 1901.

J'ai dit au Ministre de Siam que le moment était venu pour son Gouvernement de prendre parti et d'être ami ou traité en adversaire, que vous aviez mission d'éclaircir ce point et que je prendrais mes résolutions en conséquence.

Delcassé.

N° 60.

M. Klobukowski, Ministre de France à Bangkok,
à M. Delcassé, Ministre des Affaires étrangères.

Bangkok, le 26 septembre 1901.

J'ai vu le prince Devawongse le 24 de ce mois et dans notre long entretien je lui ai fait un exposé aussi complet que possible de la situation, paraphrasant les instructions du Département.

Sans entrer dans une discussion de détail, j'ai abordé l'examen des questions qui nous divisent et je lui ai montré combien il serait facile d'arriver, avec un peu de bonne volonté, à une entente vraiment cordiale.

Je ne lui ai pas dissimulé, m'autorisant de nos relations déjà anciennes et des sentiments que le Roi avait bien voulu m'exprimer lors de la remise de mes lettres de créance, qu'il dépendait de son Gouvernement de déterminer dans sa olitique une orientation nouvelle féconde en excellents résultats.

Je lui ai fait remarquer combien était étrange et vexatoire l'exclusion dont les Français étaient l'objet au Siam, et sommairement, me gardant de donner à mon énumération un caractère limitatif, j'ai indiqué les mesures qui pouvaient être prises par le Gouvernement siamois en vue de nous donner dans le Royaume une part honorable d'influence légitime.

J'ai insisté sur la modération de nos demandes qui, toutes, tendaient à servir non pas une politique de conquête et d'absorption brutale, mais une politique d'action commerciale, industrielle et scientifique destinée à établir entre nos deux pays, sur des bases solides, des rapports de bon voisinage.

En terminant je l'ai prié de bien réfléchir sur ce qui venait d'être dit et de rapporter au Roi que nous considérions l'instant comme décisif.

Le prince Devawongse m'a écouté pendant plus d'une heure sans m'interrompre et avec la plus grande attention. Il a ensuite protesté en termes très généraux de la sincérité du désir de son Gouvernement de lier avec la France un commerce d'amitié durable.

KLOBUKOWSKI.

N° 61.

M. KLOBUKOWSKI, Ministre de France à Bangkok,
à M. DELCASSÉ, Ministre des Affaires étrangères.

Bangkok, le 29 septembre 1901.

Les 24 et 28 j'ai eu deux longs entretiens avec le prince Devawongse à qui j'ai proposé une entente sur les bases convenues. La question des protégés pourrait être réglée suivant les principes de la convention anglo-siamoise du 29 novembre 1899.

KLOBUKOWSKI.

N° 62.

M. Delcassé, Ministre des Affaires étrangères,
  à M. Klobukowski, Ministre de France à Bangkok.

Paris, le 8 octobre 1901.

Je réponds à votre télégramme du 29 septembre. Si nous adoptions les principes de la Convention anglo-siamoise, cette concession sérieuse ne pourrait être justifiée que par des concessions siamoises équivalentes sur d'autres points. En principe vous n'avez pas à refuser la conversation sur ce terrain. J'apprécierai la solution d'après l'ensemble des négociations.

DELCASSÉ.

N° 63.

M. Delcassé, Ministre des Affaires étrangères,
  à M. Klobukowski, Ministre de France à Bangkok.

Paris, le 7 novembre 1901.

J'ai déclaré hier au Ministre de Siam que si les dispositions du Gouvernement siamois sont aussi conciliantes qu'il l'affirme, l'entente ne peut que s'établir très vite étant donné l'esprit de vos instructions. J'ai ajouté que comme preuve de ses sentiments amicaux le Gouvernement siamois devrait renoncer tout de suite à l'exclusion systématique des Français de tous les grands services publics. Le Ministre proteste que tel est le désir de son Gouvernement, mais que bien des gens à Bangkok nous considèrent comme des ennemis du Siam, attendant la première occasion favorable pour l'attaquer.

DELCASSÉ.

N° 64.

M. Klobukowski, Ministre de France à Bangkok,
  à M. Delcassé, Ministre des Affaires étrangères.

Bangkok, le 12 novembre 1901.

Il est question de donner à des étrangers trois postes nouveaux et importants, dont l'un dans les chemins de fer, un aux Travaux publics et un à l'Intérieur, en même temps que la construction de la nouvelle ligne sur Xieng-Mai, d'une longueur de 570 kilomètres.

D'autres étrangers obtiendraient également deux postes d'ingénieur.

On assure, et ce propos a été tenu par l'Aide de camp de l'Amiral de Richelieu, que la succession de celui-ci sera confiée à un jeune prince auquel serait adjoint un officier appartenant à une grande puissance.

Je ne serais pas surpris qu'un jour prochain nous rencontrions dans la zone d'influence de l'Indo-Chine des concurrences redoutables.

Le Gouvernement siamois, malheureusement, semble persister dans son aveuglement et obéir aux suggestions intéressées de nos concurrents qui exploitent la crainte obsédante de notre intervention et le Gouvernement siamois est convaincu, en dépit des assurances que nous lui prodiguons, qu'il est menacé par nous.

Après cet exposé, je suis dans l'obligation de vous faire remarquer que l'attitude amicale et très conciliante que j'ai prise et conservée à Bangkok vis-à-vis de tous ceux qui, à un titre quelconque, détiennent une part d'autorité dans le Gouvernement siamois, loin de disposer celui-ci à l'entente que nous cherchons à établir, paraît au contraire l'encourager à suivre la voie dans laquelle l'ont engagé et le poussent ses conseillers étrangers.

Klobukowski.

N° 65.

M. Klobukowski, Ministre de France à Bangkok,
    à M. Delcassé, Ministre des Affaires étrangères.

Bangkok, le 22 novembre 1901.

Au cours du voyage que j'ai fait récemment à Battambang, j'ai constaté que tout le commerce extérieur des provinces orientales du Siam, Sisophone, Battambang et Angkor était entre nos mains; la presque totalité du riz produit par ces territoires fertiles et du poisson tiré des lacs de Tonle Sap descend sur Pnom-Penh, dont le développement rapide m'a vivement frappé. Cette ville que je n'avais pas vue depuis 1885 est absolument transformée; ce n'était à ce moment qu'une agglomération de paillottes misérables, elle est actuellement en passe de devenir la Grande Cité du bassin du Mékong dont les Doudard de Lagrée et les Francis Garnier avaient pressenti le brillant avenir.

On peut évaluer à dix millions de francs environ la valeur des exportations des provinces orientales du Siam sur le Cambodge et la Cochinchine; la Compagnie des messageries fluviales a un tiers du trafic total; ce sont les Chinois résidant dans nos possessions qui ont les deux autres tiers. C'est à peine si 1/50ᵉ de l'exportation totale de ces provinces parvient à Bangkok et à Chantaboun.

Les constatations qui précèdent suffisent à justifier l'installation d'un vice-consulat à Battambang et à Siem Réap; il n'est pas possible en effet que le Gouvernement de la République ne soit pas représenté dans ces provinces où nous avons des intérêts aussi considérables; et on ne comprend pas vraiment que le Gouvernement siamois se soit abstenu jusqu'à ce jour de répondre au désir que vous m'avez chargé d'exprimer et qui constitue cependant la meilleure garantie de nos intentions pacifiques.

Quel besoin, en effet, avons-nous de posséder effectivement, par la voie d'une annexion assurément très facile, un pays où notre prédominance économique est aussi solidement établie?

KLOBUKOWSKI.

N° 66.

M. KLOBUKOWSKI, Ministre de France à Bangkok,
    à M. DELCASSÉ, Ministre des Affaires étrangères.

Bangkok, le 23 novembre 1902.

Le Gouvernement siamois me notifie, en termes amicaux, son acceptation d'un vice-consulat à Battambang.

KLOBUKOWSKI.

N° 67.

M. KLOBUKOWSKI, Ministre de France à Bangkok,
    à M. DELCASSÉ, Ministre des Affaires étrangères.

Bangkok, le 30 novembre 1901.

Je viens d'avoir avec le Roi un long entretien. Sur la demande de Sa Majesté, nous avons repris l'examen des diverses questions pendantes.

En ce qui touche Luang-Prabang il lui paraît en principe logique de prendre la ligne de partage des eaux comme démarcation entre les deux territoires, « mais, dit-il, « je ne vois pas bien où cela nous conduirait ».

J'ai promis de lui faire tenir l'esquisse de la frontière dont la Direction politique m'a délivré une copie.

Le Roi m'a parlé ensuite de la zone de 25 kilomètres. — « Puisque vous rendez « mon Gouvernement responsable de tous les incidents de frontière, il serait juste « de n'entendre la servitude à laquelle est soumise cette zone que dans un sens « purement militaire et de me laisser exercer sur elle le contrôle administratif. »

Le raisonnement me paraît juste. Si d'ailleurs le Royaume de Luang-Prabang est délimité selon nos vues et surtout s'il y a arrangement amical entre le Siam et nous, je ne vois pas vraiment l'intérêt que présenterait le maintien d'une servitude qui nuirait plutôt aux rapports de bon voisinage.

Sur la question des protégés, le Roi me demanda de lui dire en quoi nos intentions différaient de l'arrangement anglo-siamois. Je lui répondis que je ne manquerais pas de les faire connaître sous réserve, bien entendu, de votre approbation.

A sa question : « Dans quels services désirez-vous que vos compatriotes soient « engagés par mon Administration? » Je répondis : « Mon Gouvernement ne prétend « à aucun monopole, à aucun avantage exclusif; ce qu'il désire, c'est simplement la « porte ouverte sur tous les grands services du Royaume dans la mesure déterminée, « cela va sans dire, par le Gouvernement siamois lui-même, et plus particulièrement « sur les Travaux publics. »

« Il lui plairait aussi que le Gouvernement royal acceptât la collaboration de nos « savants pour la création d'un institut Pasteur, d'une école vétérinaire, d'un ensei- « gnement agricole, d'un collège des études orientales, d'un service de conservation « des monuments historiques, etc., etc. »

Le Roi me répondit que nos désirs lui semblaient des plus raisonnables, qu'il allait réfléchir à tout cela et qu'il me ferait tenir ses réponses.

KLOBUKOWSKI.

N° 68.

M. DELCASSÉ, Ministre des Affaires étrangères,
    à M. KLOBUKOWSKI, Ministre de France à Bangkok.

Paris, le 10 décembre 1901.

Je constate avec satisfaction les dispositions du Roi et j'espère qu'exécutant pa- tiemment vos instructions vous réussirez à rétablir progressivement notre situation.

Quant à l'occupation de Chantaboun, les Siamois ne peuvent méconnaître que sa prolongation, qu'ils ont faite inévitable, en a peu à peu modifié le caractère au point de rendre indispensable une compensation à l'évacuation.

DELCASSÉ.

N° 69.

M. DELCASSÉ, Ministre des Affaires étrangères,
    à M. KLOBUKOWSKI, Ministre de France à Bangkok.

Paris, le 24 janvier 1902.

Dans votre rapport du 12 novembre dernier, vous avez exprimé la crainte que le Siam ne profitât de notre patience pour favoriser, dans notre zone d'influence, l'éta- blissement d'influences étrangères et rivales.

Je sais que vous ne laissez subsister aucun doute dans l'esprit de la Cour de Bangkok sur l'impression que nous ressentirions, si une pareille éventualité se réalisait.

Nous n'accepterions pas, en effet, que le Gouvernement siamois, au moyen de concessions, ou autrement, facilitât à des étrangers l'introduction, dans le bassin du Mékong, de ces entreprises qui, comme les chemins de fer, travaux publics, etc., ont par leur importance un caractère politique constituant des moyens d'influence.

Vous pourrez, à l'occasion, assurer de nouveau le Prince Devawongse de la fermeté de nos intentions à cet égard.

Mais, ainsi que vous le remarquez vous-même, nos rivaux exploitent à Bangkok « la crainte obsédante de notre intervention » et obtiennent d'importantes concessions à la faveur des appréhensions qu'ils s'appliquent à développer. Ces appréhensions, nous risquerions de les développer nous-mêmes en interprétant le traité de 1893, ainsi que nous le pourrions si, comme on l'a trop souvent dit à Bangkok, nous étions animés d'un esprit hostile au Siam. Nos efforts doivent tendre, au contraire, à l'heure actuelle à persuader une fois pour toutes à la Cour siamoise qu'une intervention n'est ni dans nos désirs, ni dans nos intentions, mais qu'elle se produirait inévitablement, un jour, par la force des choses et contrairement même à nos vœux, si les éléments étrangers, toujours en progrès, menaçaient d'exclure les éléments français, ou si l'on continuait à nous refuser toute la part d'influence qui revient légitimement à une grande Puissance limitrophe. C'est d'après ces considérations que vous vous guiderez pour chercher à régler les différents incidents que vous aurez à signaler au Ministre des Affaires étrangères.

DELCASSÉ.

N° 70.

M. DELCASSÉ, Ministre des Affaires étrangères,
à M. KLOBUKOWSKI, Ministre de France à Bangkok.

Paris, le 4 avril 1902.

Le Gouvernement siamois vient de nous demander le concours d'un ingénieur français en vue de remplir les fonctions de conseiller technique auprès des ministères de l'Agriculture et des Travaux publics.

Les pourparlers engagés à ce sujet entre l'intéressé et la Légation de Siam n'ont pas encore abouti ; mais j'ai lieu de croire que le Phya Suriya, qui attend de Bangkok des instructions complémentaires, tient à mener à bien cette négociation et s'efforcera de donner satisfaction, aussi largement que possible, aux désirs qu'exprime notre compatriote.

Ces dispositions favorables seront mises à profit pour préparer le contrat d'engagement, tant en ce qui concerne la garantie des avantages matériels promis au conseiller technique des ministères susmentionnés que l'étendue des fonctions dont il sera investi et sa situation hiérarchique.

Il dépendra ensuite du mérite professionnel et du tact de notre compatriote de faire apprécier la valeur de son concours et d'imposer peu à peu plus largement sa collaboration et son contrôle. J'ajoute qu'il n'y pourra pleinement réussir qu'avec votre appui et l'aide de vos conseils ; je sais que ce concours lui sera acquis sans réserve et j'ai pleine confiance dans son efficacité.

DELCASSÉ.

N° 71.

M. KLOBUKOWSKI, Ministre de France à Bangkok,
  à M. DELCASSÉ, Ministre des Affaires étrangères.

Bangkok, le 7 avril 1902.

Un repos de trois ou quatre mois sous un climat plus favorable me serait nécessaire. Je suis donc dans l'obligation de vous demander de bien vouloir m'accorder un congé de trois mois.

KLOBUKOWSKI.

N° 72.

M. DELCASSÉ, Ministre des Affaires étrangères,
  à M. KLOBUKOWSKI, Ministre de France à Bangkok.

Paris, le 12 avril 1902.

J'ai pris connaissance avec intérêt de vos observations sur la situation économique de la province de Battambang.

Mon attention a été particulièrement retenue par vos considérations sur les intérêts qui lient cette province au Cambodge.

Vous pouvez apprécier mieux que qui que ce soit les avantages de cet état de choses pour notre politique ; je n'ai donc pas besoin de vous recommander de ne négliger aucun des moyens dont vous disposez pour accroître dans cette région l'influence que nous donne l'activité de notre commerce. C'est en vue de ce résultat que je verrais volontiers maintenir une canonnière dans les Lacs pendant la saison des hautes eaux, et lui faire au besoin remonter leurs affluents, dans la mesure où nous y autorisent l'article 6 du traité de 1867 et l'article 2 de celui du 3 octobre 1893. Je m'en remets à vous pour faire valoir ces considérations auprès du commandant de notre force navale en Indo-Chine.

Il serait incontestablement désirable, d'autre part, que la rivière de Battambang fût rendue plus accessible à notre commerce fluvial par des améliorations dans l'aménagement du chenal. Mais nous sommes tenus d'envisager la difficulté qu'il y aurait à entreprendre des travaux de cette nature, en territoire siamois, sans un accord préalable avec la Cour de Bangkok.

Je ne puis que vous laisser le soin de faire de cette question le sujet d'une de vos conversations avec le prince Devawongse, si vous estimez qu'une occasion favorable s'en offre à vous.

DELCASSÉ.

N° 73.

M. KLOBUKOWSKI, Ministre de France à Bangkok,
à M. DELCASSÉ, Ministre des Affaires étrangères.

Bangkok, le 16 mai 1902.

J'ai cru devoir adresser, par écrit, au prince Devawongse, la déclaration concernant le bassin du Mékong, que j'avais déjà formulée à sa dernière réception.

J'ai l'honneur de vous la communiquer ci-jointe en copie.

KLOBUKOWSKI.

ANNEXE.

M. KLOBUKOWSKI, Ministre de France au Siam,
à S. A. R. le Prince DEVAWONGSE, Ministre des Affaires étrangères du Siam.

Bangkok, le 15 mai 1902.

Je suis informé que le Gouvernement siamois serait disposé à comprendre la la vallée du Mékong dans le champ d'action qu'il consentirait à ouvrir aux entreprises internationales, et que déjà des résolutions auraient été prises dans ce sens.

Afin de prévenir tout malentendu entre nos deux Gouvernements et afin qu'il n'y ait place ni dans le présent ni dans l'avenir pour aucune équivoque, je crois devoir, M. le Ministre, reproduire ici la déclaration que j'ai eu l'honneur de vous faire à diverses reprises notamment au cours de notre entretien du 28 septembre 1901 et à votre réception hebdomadaire du 29 mars dernier.

Je vous ai dit entre autres choses, en vous rappelant les termes de la Convention Anglo-française du 15 janvier 1896, que nous n'avons jamais songé à faire état de cette Convention pour contester, en quoi que ce soit, au Siam les prérogatives que lui confère une souveraineté reconnue par les traités; mais, ai-je ajouté, il me semble opportun de rappeler que le Gouvernement de la République, bien que très respectueux des droits du Siam, est soucieux également de ne rien abandonner de ses prétentions légitimes et nécessaires; il considérerait comme un acte anti-amical, le fait, par le Gouvernement siamois, de faciliter à des Étrangers l'introduction, dans le bassin du Mékong, d'entreprises d'utilité publique qui ont, par leur importance, un caractère politique et constituent des moyens d'influence.

Telle est, M. le Ministre, la déclaration que j'ai été autorisé à vous faire, que je vous ai faite et que j'ai l'honneur de vous renouveler aujourd'hui,

KLOBUKOWSKY.

N° 74.

M. KLOBUKOWSKY, Ministre de France à Bangkok,
à M. DELCASSÉ, Ministre des Affaires étrangères.

Bangkok, le 28 mai 1902.

Par ma lettre du 16 mai dernier j'ai eu l'honneur de vous transmettre la copie de la déclaration que, conformément à vos instructions j'ai cru devoir adresser au Prince Devawongse le 15 de ce mois.

Vous trouverez sous ce pli la réponse que vient, au nom de son Gouvernement, de me faire tenir M. le Ministre des Affaires étrangères du Siam.

KLOBUKOWSKI.

ANNEXE.

MINISTÈRE DES AFFAIRES ÉTRANGÈRES.

S. A. R. le Prince DEVAWONGSE, Ministre des Affaires étrangères,
à M. KLOBUKOWSKI, Ministre de France au Siam.

Bangkok, le 24 mai 1902.

J'ai l'honneur de vous accuser réception de votre note du 15 courant dans laquelle vous étiez autorisé par votre Gouvernement à me répéter votre déclaration savoir : que, si d'une part le Gouvernement de la République française n'avait jamais songé à s'appuyer sur les termes de l'arrangement franco-anglais du 15 janvier 1896 pour contester en quoi que ce soit les prérogatives de la souveraineté siamoise reconnue par les traités, il était, quoique très respectueux des droits du Siam, soucieux de n'abandonner aucune de ses prétentions légitimes et nécessaires et qu'il verrait avec défaveur une concurrence étrangère et rivale s'établir dans sa zône d'influence, et qu'il considérerait comme un acte inamical le fait par le Gouvernement siamois de faciliter, en faveurs d'étrangers, l'introduction dans la vallée du Mékong d'une entreprise d'utilité publique qui, par son importance, a un caractère politique et constitue un moyen d'influence.

En réponse j'ai l'honneur de vous faire connaître, que si, d'une part, le Gouvernement de Sa Majesté est reconnaissant de l'assurance gracieuse donnée par le Gouvernement français de respecter les droits du Siam, il regrette de constater qu'il y ait dans l'esprit du Gouvernement français une opposition quelconque contre l'introduction d'entreprises étrangères d'utilité publique; et comme le Gouvernement de Sa Majesté est également tenu par les traités existants — aussi bien avec la France qu'avec toutes les autres nations étrangères — d'observer strictement et de remplir tous ses engagements, le Gouvernement de Sa Majesté espère, en conséquence, que le Gouvernement français ne considérerait pas comme un acte inamical le fait, s'il y était forcé, de ne pas rompre les engagements pris par traité avec une quelconque des Puissances étrangères.

DEVAWONGSE.

N° 75.

M. KLOBUKOWSKI, Ministre de France à Bangkok,
   à M. DELCASSÉ, Ministre des Affaires étrangères.

Bangkok, le 6 juin 1902.

Il me paraît opportun de condenser en quelques lignes, mes observations sur une situation politique qui s'aggrave et ne saurait se dénouer dans un sens favorable à nos intérêts que par une action prompte et énergique.

Un instant cependant, j'ai cru que le Roi, se rendant un compte exact du danger, viendrait à composition et renoncerait, une fois pour toutes, à la politique d'atermoiements et de tergiversations contre laquelle nos demandes les plus raisonnables et les plus modérées se sont, depuis 1893, constamment heurtées.

J'ai la conviction qu'un accord à ce moment se serait produit si les insinuations de nos concurrents n'avaient pris le dessus.

Si nous continuons à garder l'expectative, nous assisterons à la main-mise sur le Siam par nos rivaux qui, s'établissant dans le bassin du Mékong formeront bientôt une barrière entre nos voisins et nous. Nous n'aurons pas alors assez de toutes nos forces pour préserver l'existence même de notre Indo-Chine, dont il serait facile actuellement de protéger la partie vulnérable par l'occupation de points stratégiques dans le bassin du Mékong.

KLOBUKOWSKI.

N° 76.

M. Delcassé, Ministre des Affaires étrangères,
à M. Klobukowski, Ministre de France à Bangkok.

Paris, le 19 juin 1902.

Le Phya Suriya me fait savoir que pour répondre à l'exposé de nos griefs et à notre interprétation des traités, le Gouvernement siamois envoie à Paris le Sous-Secrétaire d'État de l'Intérieur pour présenter les explications et propositions contradictoires réclamées depuis trop longtemps par nous. Dans ces conditions je vous accorde le congé que vous m'avez demandé.

Delcassé.

N° 77.

M. Delcassé, Ministre des Affaires étrangères,
à M. Dutasta, Chargé d'affaires de France à Bangkok.

Paris, le 16 juillet 1902.

La réponse du Prince Devawongse, relative au Bassin du Mékong, que je viens de recevoir, se réfère à des engagements du Gouvernement siamois vis-à-vis des Puissances étrangères.

Le Gouvernement de la République en ignore l'existence et la portée. Veuillez demander des précisions sur ce point.

L'ouverture prochaine de négociations à Paris permet de nous borner à confirmer la déclaration de M. Klobukowski en faisant toutes réserves sur celle du Prince Devawongse.

Delcassé.

N° 78.

M. Delcassé, Ministre des Affaires étrangères,
à M. Dutasta, Chargé d'Affaires de France à Bangkok.

Paris, le 18 juillet 1902.

Par ses lettres des 16 et 28 mai dernier, M. Klobukowski m'a transmis, avec le texte de la déclaration concernant le bassin du Mékong qu'il avait adressée au Prince Devawongse, la réponse du Ministre des Affaires étrangères à cette communication.

Mon télégramme du 16 de ce mois vous a indiqué sommairement la réplique que vous deviez faire au Gouvernement siamois ; je crois devoir aujourd'hui développer les directions que je vous ai ainsi données, et préciser le point de vue auquel je me suis placé pour vous les adresser.

Dans sa réponse à M. Klobukowski, le Prince Devawongse s'est référé à « des « engagements pris par traité » vis-à-vis des Puissances étrangères et qu'il ne saurait rompre. Ces engagements, nous les ignorons, et vous avez été chargé de demander au Ministre des Affaires étrangères quel pouvait en être le caractère.

S'il s'agissait d'accords spéciaux concédant à notre insu des avantages particuliers à des étrangers dans le bassin du Mékong, nous nous trouverions en face d'une situation nouvelle que nous aurions à examiner en ce qui touche notamment les conséquences qu'elle comporterait de notre part. Mais il paraît plus probable, jusqu'à plus ample informé, que le Prince Devawongse aura simplement voulu viser les traités liant le Siam à certaines puissances et qui contiennent la clause de la nation la plus favorisée ; cette clause interdirait au Siam, selon son interprétation, de nous promettre dans le bassin du Mékong certains avantages à l'exclusion de ces mêmes puissances.

Il serait prématuré, avant d'avoir recueilli sur ce point les explications du Gouvernement siamois, de discuter l'interprétation de la clause précitée. Je me bornerai à faire observer, quant à présent, qu'elle ne peut en aucune façon obliger le Gouvernement siamois à donner à n'importe qui dans le bassin du Mékong les concessions que nous désirons prévenir.

Nous reconnaissons la souveraineté du Siam sur le bassin du Mékong sous la réserve des servitudes qui grèvent la zone des 25 kilomètres, mais nous considérons qu'entre deux états limitrophes comme la France et le Siam, il existe, en dehors des obligations strictement conventionnelles, des nécessités politiques qui s'imposent d'elles-mêmes, par la force des choses. Il serait périlleux de les méconnaître, et les avertissements préventifs n'auront pas manqué au Gouvernement royal.

En raison de l'ouverture prochaine de négociations à Paris, je vous ai prescrit de vous borner à faire toutes réserves sur la déclaration du Prince Devawongse, et à confirmer simplement celle de M. Klobukowski. Toutefois, si le Ministre des Affaires étrangères revenait dans ses entretiens avec vous sur cette question des concessions dans le bassin du Mékong, vous auriez à vous inspirer des considérations qui précèdent ; vous sauriez distinguer, d'ailleurs, entre les diverses entreprises étrangères, celles contre lesquelles nous devrions nous opposer en raison de leur importance et des moyens d'influence qu'elles pourraient constituer et celles qui ne constitueraient que de simples exploitations agricoles ou industrielles que nous ne prétendons pas entraver.

Delcassé.

N° 79.

M, Delcassé, Ministre des Affaires étrangères.

à M. Dutasta, Chargé d'Affaires de France à Bangkok.

Paris, le 9 octobre 1902.

J'ai l'honneur de vous adresser, ci-joint, un exemplaire de la Convention que j'ai signée le 7 avec le Ministre de Siam.

ANNEXE.

CONVENTION

CONCLUE, LE 7 OCTOBRE 1902.

ENTRE

LE GOUVERNEMENT DE LA RÉPUBLIQUE FRANÇAISE.

ET

LE GOUVERNEMENT DE SA MAJESTÉ LE ROI DE SIAM.

LE PRÉSIDENT DE LA RÉPUBLIQUE FRANÇAISE ET SA MAJESTÉ LE ROI DE SIAM, désireux de rendre plus étroites et plus confiantes les relations d'amitié qui existent entre leurs deux pays et de régler certaines difficultés qui s'étaient élevées sur l'interprétation du Traité et de la Convention du 3 octobre 1893, ont décidé de conclure une nouvelle Convention et ont nommé, à cet effet, pour leurs Plénipotentiaires, savoir :

LE PRÉSIDENT DE LA RÉPUBLIQUE FRANÇAISE,

M. Théophile Delcassé, Député, Ministre des Affaires étrangères, etc.

ET SA MAJESTÉ LE ROI DE SIAM,

Phya Suriya Nuvatr, son Envoyé extraordinaire et Ministre plénipotentiaire près le Président de la République française, décoré de la 1re classe de l'Ordre royal de la Couronne de Siam, Grand Officier de l'Ordre national de la Légion d'honneur, etc.

Lesquels après s'être communiqué leurs pleins pouvoirs, trouvés en bonne et due forme, sont convenus des dispositions suivantes :

ARTICLE I.

§ 1. La frontière entre le Siam et le Cambodge part, sur la rive gauche du Grand Lac, de l'embouchure de la rivière Stung Roluos, elle suit le parallèle de ce point dans la direction de l'Est jusqu'à la rencontre de la rivière Prék Kompong Tiam, puis, remontant vers le Nord, elle se confond avec le méridien de ce point de rencontre jusqu'à la chaîne de montagnes Pnom Dang Rek. De là elle suit la ligne de partage des eaux entre les bassins du Nam Sem et du Mékong d'une part et du Nam Moun d'autre part, et rejoint la chaîne Pnom Padang dont elle suit la crête vers l'Est jusqu'au Mékong. En amont de ce point, le Mékong reste la frontière du Royaume de Siam, conformément à l'article 1ᵉʳ du traité du 3 octobre 1893.

§ 2. Quant à la frontière entre la Luang Prabang, rive droite, et les provinces de Muang Phichaï et Muang Nan, elle part du Mékong à son confluent avec le Nam Huong et, suivant la crête des montagnes qui séparent les vallées du Nam Huong et du Mékong, elle se dirige vers l'Ouest jusqu'à la rencontre de la ligne de partage des eaux entre le bassin du Mékong et celui du Mé Nam. Tournant vers le Nord à partir de ce point, elle suit la ligne de faîte entre ces deux bassins jusqu'à la source de la rivière qui, venant du Sud-Est, se jette dans le Nam Ngoum, puis le cours de cette rivière et le Nam Ngoum lui-même jusqu'à son confluent avec la rivière de Ban Luak. La frontière revient ensuite, en remontant cette rivière, à la ligne de faîte entre les bassins du Mé Nam et du Mékong et suit cette ligne à l'Ouest jusqu'à la rivière de Nam Kop dont elle descend le cours jusqu'au Mékong.

§ 3. Il est bien entendu toutefois que la présente Convention, pas plus que le Traité et la Convention de 1893, ne change rien aux rapports traditionnels entre Sa Majesté le Roi de Siam et la partie du Luang Prabang située sur la rive droite du Mékong.

ARTICLE II.

En même temps que les provinces de Melouprey, de Bassac (et généralement les territoires situés à l'est de la frontière indiquée à l'article 1ᵉʳ, § 1ᵉʳ) seront remises par le Gouvernement siamois aux autorités françaises, les troupes françaises quitteront la ville de Chantaboun qu'elles occupent provisoirement en vertu de l'article 6 de la Convention du 3 octobre 1893.

ARTICLE III.

Les différentes restrictions visées aux articles 3 et 4 du traité du 3 octobre 1893 sont supprimées. Toutefois, Sa Majesté le Roi de Siam prend l'engagement que les troupes qu'Elle enverra ou entretiendra dans tout le Bassin siamois du Mékong seront toujours des troupes de nationalité siamoise, commandées par des officiers de cette nationalité. Il n'est fait exception à cette règle qu'en faveur de la gendarmerie siamoise, actuellement commandée par des officiers danois. Dans le cas où le Gouvernement siamois voudrait substituer à ces officiers des officiers étrangers appartenant à une autre nationalité, il devrait s'entendre au préalable avec le Gouvernement français.

ARTICLE IV.

A l'avenir, dans la partie siamoise du bassin du Mékong, le Gouvernement Royal, s'il désire exécuter des ports, canaux, chemins de fer (notamment les chemins de fer destinés à relier la capitale à un point quelconque de ce bassin) se mettra d'accord avec le Gouvernement français dans le cas où ces travaux ne pourraient être exécutés exclusivement par un personnel et avec des capitaux siamois.

En ce qui concerne l'usage des ports, canaux, chemins de fer aussi bien dans la partie siamoise du bassin du Mékong que dans le reste du royaume, il est entendu qu'aucun droit différentiel ne pourra être établi contrairement au principe de l'égalité commerciale inscrite dans les traités signés par le Siam.

ARTICLE V.

Les personnes d'origine asiatique nées sur un territoire soumis à la domination directe ou placé sous le Protectorat de la France, sauf celles qui ont fixé leur résidence au Siam avant l'époque où le territoire dont elles sont originaires a été placé sous cette domination ou sous ce protectorat, ont droit à la protection française et pourront se faire inscrire comme ressortissants français à la Légation ou aux Consulats et Vice-Consulats de la République dans le Royaume de Siam. La protection française sera accordée aux enfants de ces personnes mais ne s'étendra pas à leurs petits-enfants.

Les Cambodgiens au Siam continueront à être régis par l'article V du traité du 15 juillet 1867.

ARTICLE VI.

§ 1. Les listes des protégés actuellement existantes seront revisées par les Autorités consulaires françaises, conformément aux règles établies à l'article précédent, et seront communiquées au Gouvernement siamois qui pourra présenter des observations contre les inscriptions à son sens injustifiées. Les agents français soumettront alors à un nouvel examen les cas qui leur seront ainsi signalés.

§ 2. Les Chinois actuellement inscrits sur les listes susmentionnées à la Légation ou dans un Consulat français au Siam continueront à jouir de la protection française.

Au point de vue de la juridiction, ils seront soumis à la Loi siamoise et jugés par les Tribunaux siamois. Toutefois, un représentant de la Légation ou d'un Consulat de France aura le droit d'avoir communication des piéces de l'instruction et d'assister aux audiences du Tribunal qui le jugera.

ARTICLE VII.

En ce qui concerne l'admission à la protection française des Asiatiques qui ne sont pas nés sur un territoire soumis à l'autorité directe ou au protectorat de la

France, le Gouvernement de la République jouira de droits égaux à ceux que le Siam accorderait à l'avenir à toute autre Puissance.

Article VIII.

Les dispositions des anciens traités, accords et conventions entre la France et le Siam non modifiées par la présente Convention, restent en pleine vigueur.

Article IX.

En cas de difficultés d'interprétation de la présente Convention, rédigée en français et en siamois, le texte français fera seul foi.

Article X.

La présente Convention sera ratifiée dans un délai de quatre mois à partir du jour de la signature, ou plus tôt si faire se peut.

EN FOI DE QUOI, les Plénipotentiaires respectifs ont signé la présente Convention et y ont apposé leurs cachets.

Fait à Paris, en double exemplaire, le 7 octobre 1902.

(*L. S.*)   Signé : Delcassé.

(*L. S.*)   Signé : Phya Suriya.

N° 80.

M. Delcassé, Ministre des Affaires étrangères,
à M. Dutasta, Chargé d'Affaires de France à Bangkok.

Paris, le 25 octobre 1902.

J'ai eu l'honneur de vous communiquer, le 9 de ce mois, le texte de la Convention que j'ai signée le 7 avec Phya Suriya, Ministre de Siam à Paris. Il me paraît utile de vous exposer aujourd'hui l'esprit qui a présidé à la négociation et à la conclusion de cet arrangement.

Vous n'ignorez pas dans quelles intentions le Gouvernement siamois avait envoyé en France, au mois d'août dernier, Phya Sri Sahadeb, Sous-Secrétaire d'État au Ministère Royal de l'Intérieur. Ce haut fonctionnaire était porteur d'instructions et de pouvoirs qu'il devait remettre au Représentant du Roi à Paris en vue de régler les difficultés pendantes entre les deux Gouvernements. Les pourparlers que j'ai entamés dès la fin du mois d'août avec le Ministre de Siam ont abouti à la signature de l'accord dont je vous ai envoyé d'autre part le texte.

Vous remarquerez d'abord que l'article 1 de la nouvelle convention nous assure un important accroissement de territoire.

1° Sur la rive gauche du Grand Lac, la frontière est reportée à 25 kilomètres environ au-delà du cours d'eau qui formait depuis 1867 la limite du Siam et du Cambodge, englobant ainsi des pêcheries dont le Département des Colonies m'avait signalé l'importance;

2° Sur la rive droite du Mékong, de vastes territoires dont l'étendue atteint 20,000 kilomètres carrés et qui comprennent principalement les provinces de Melou-Prey, de Tonlé-Repou et l'ancien royaume laotien de Bassac.

La présente convention ne change rien aux rapports traditionnels existant entre le Roi de Siam et la partie du Luang-Prabang située sur la rive droite du Mékong, que le Roi de Luang-Prabang continuera d'administrer librement comme il l'a fait jusqu'à ce jour. Mais nous avons tenu à fixer la frontière entre la partie du Luang-Prabang soumise à la suzeraineté de Sa Majesté le Roi de Siam et les provinces siamoises proprement dites.

Le traité et la convention de 1893 restant en pleine vigueur pour tous les articles qui ne sont pas formellement modifiés par le présent accord, rien n'est changé aux dispositions spéciales qui nous ont assuré alors la possession de toutes les îles du Mékong, le droit exclusif de faire naviguer des bâtiments armés sur le fleuve et la faculté d'établir sur la rive droite des relais de batellerie et des dépôts de bois et de charbon.

L'ensemble des territoires que la convention nous reconnaît sera remis aux autorités françaises après l'échange des ratifications qui devra avoir lieu dans le délai de quatre mois ou plus tôt, si faire se peut, à dater du jour de la signature de la Convention.

En même temps qu'il sera procédé par le Gouvernement siamois à cette remise, nous quitterons la ville de Chantaboun occupée provisoirement par nos troupes. Il ne pouvait entrer dans notre pensée, du moment que nous étions décidés, en négociant avec le Siam, à mettre fin à une ère de difficultés funestes aux véritables intérêts des deux pays, de conserver une ville qui n'était qu'un gage entre nos mains et où le maintien d'une garnison française était considéré, par les Siamois, comme une marque de défiance ou une menace.

En 1893, les empiètements persistants des Siamois sur les territoires annamites de la rive gauche du Mékong avaient ému l'opinion publique.

Le 4 février, à la Chambre des députés, j'eus l'occasion, comme Sous-Secrétaire d'État aux Colonies, d'affirmer les droits de l'Annam et de manifester notre volonté bien arrêtée de n'en plus tolérer la violation.

Les arrangements du 3 octobre furent le résultat des opérations militaires et maritimes qui suivirent ma déclaration. Le Gouvernement siamois dut s'engager à ne pas envoyer de troupes dans une zone large de 25 kilomètres sur la rive droite du Mékong.

L'expérience a montré que cette clause, nécessaire en son temps, ne répondait plus aux exigences de la situation. La zone en question devenait le refuge des rebelles et des malfaiteurs des deux rives du fleuve qui savaient que ni le Siam, ni la France, ne pourraient les y poursuivre. De là entre les deux Gouvernements des difficultés incessantes. J'ai donc estimé utile de renoncer aux articles 3 et 4 du traité de 1893, considérant leur maintien comme incompatible avec l'établissement des rapports amicaux que nous devions créer entre les deux pays et avec le maintien de la sécurité sur les rives du fleuve.

Au surplus, l'acquisition des provinces de Melou-Prey, de Tonlé-Repou et de Bassac sur le point même où le territoire siamois pénétrait comme un coin dans le nôtre, met en notre possession toute la partie de cette zone par où s'étaient produits autrefois les empiètements des Siamois.

Enfin, préoccupé d'assurer l'avenir, j'ai stipulé que, non seulement dans la zone de 25 kilomètres, mais dans tout le bassin siamois du Mékong, le Gouvernement de Bangkok ne pourrait envoyer et entretenir que des troupes siamoises commandées par des officiers siamois.

La préparation d'un vaste champ d'expansion pour notre industrie a été une de mes principales préoccupations. Aussi ai-je tenu à stipuler que, pour l'exécution dans tout le bassin siamois du Mékong de grands travaux publics, chemins de fer, ports, canaux, le Gouvernement royal, s'il ne pouvait y pourvoir à l'aide d'un personnel et de capitaux exclusivement siamois, devrait s'entendre avec le Gouvernement français. Aucune intention jalouse ne m'a du reste animé à l'égard des autres Puissances, puisque j'ai voulu marquer que, fidèles au principe de l'égalité commerciale inscrite dans les traités passés par le Siam, nous admettions qu'aucun droit différentiel ne pût être établi dans tout le Royaume pour l'usage des ports, canaux et chemins de fer.

Le même souci d'assurer de bons rapports pour l'avenir entre la France et le Siam m'a conduit à régler, sans rien abandonner de nos droits essentiels, l'épineuse question des protégés sur laquelle une obstination intransigeante n'eut réussi qu'à entraver la reprise des rapports normaux.

Il n'y a qu'à se reporter aux arrangements conclus par le Siam avec les autres Puissances pour constater que cette question n'a pas été réglée à notre égard d'une façon moins large et moins favorable.

Toutes les personnes d'origine asiatique, nées sur un territoire français, que ce soit une possession directe ou un pays de protectorat, auront droit à l'avenir, comme elles y ont eu droit dans le passé, à la protection française, à moins qu'elles n'aient émigré antérieurement à l'occupation de leur pays d'origine par les Français. Cette protection s'étendra à leurs enfants mais non à leurs petits enfants.

En ce qui concerne les asiatiques actuellement protégés par la France au Siam, la liste en sera révisée et communiquée au Gouvernement siamois. Mais ce travail sera effectué de telle sorte que nul de ceux qui ont régulièrement acquis la protection française n'en sera privé. Nous avons même, en ce qui concerne les Chinois déjà inscrits parmi nos protégés et qui ont été une source de difficultés fréquentes avec les autorités siamoises, exigé par une clause spéciale que la protection leur serait conservée.

Quant à l'avenir, le Gouvernement siamois, d'une manière générale, s'engage à nous accorder toutes les facilités qui seraient reconnues par lui à d'autres Puissances pour la protection des asiatiques autres que ceux qui sont originaires de l'Indo-Chine.

. Enfin, vous remarquerez que les anciens traités ou arrangements conclus avec le Siam restent en pleine vigueur, en tant qu'ils ne sont pas formellement modifiés par la nouvelle convention.

Celle-ci, en effet, ne se substitue pas à eux, mais les complète, en étend les avantages et les met en harmonie avec les dispositions pacifiques et bienveillantes dont le Gouvernement de la République est animé à l'égard du Siam.

Par des négociations tout amicales, sans aucun sacrifice ni en hommes, ni en argent, nous sommes arrivés à obtenir des clauses qui agrandissent nos territoires d'Indo-Chine, qui assurent la sécurité de toute cette partie de notre empire colonial et qui nous constituent, à tous les points de vue, dans le bassin siamois du Mékong, les larges garanties auxquelles notre voisinage nous donne le droit de prétendre.

Je ne doute pas que de telles conditions, en rétablissant dans nos relations avec le Siam une pleine et entière confiance, ne nous permettent d'exercer à Bangkok une légitime influence, profitable à la fois aux intérêts des deux pays. Nous sommes prêts, fidèles au rôle qui, à toutes les époques et sur tous les points du monde, fut celui de la France, à collaborer sans arrière pensée à l'œuvre de civilisation entreprise au Siam par S. M. le Roi Chulalongkorn.

Nous attendons du Gouvernement siamois, qu'abandonnant les sentiments de défiance systématique qui nous furent trop longtemps témoignés, il nous manifeste, de son côté, la sincérité de son désir d'entente.

Déjà, comme vous le savez, un ingénieur français a été engagé pour diriger les travaux publics à Bangkok, et des pourparlers sont suivis pour l'organisation, par un bactériologue français, d'un service sanitaire dans le Royaume.

Enfin, le Gouvernement siamois vient de me notifier sa résolution de rétablir la subvention qu'il donnait autrefois au service postal français entre Bangkok et Saïgon.

C'est un premier pas dans une voie où nous devons espérer que le Gouvernement siamois reconnaîtra de plus en plus qu'il est de son intérêt de persister.

ANNEXE.

Extrait de la « Treaty series » du Royaume-Uni de Grande-Bretagne et d'Irlande, année 1900.

AGREEMENT

BETWEEN THE UNITED KINGDOM AND SIAM

RELATIVE TO THE REGISTRATION OF BRITISH SUBJECTS IN SIAM,

SIGNED AT BANGKOK, NOVEMBER 29, 1899.

The Governments of Her Majesty the Queen of the United Kingdom of Great Britain and Ireland, Empress of India, and of His Majesty the King of Siam, recognizing the necessity of having a satisfactory arrangement for the registration of British subjects in Siam, the Undersigned, Her Britannic Majesty's Minister Resident and His Siamese Majesty's Minister for Foreign Affairs, duly authorized to that effect, have agreed as follows :

I

The registration, according to Article V of the Treaty of April 18, 1855, of British subjects residing in Siam, shall comprise the following categories :

1° All British natural born or naturalized subjects, other than those of Asiatic descent;

2° All children and grandchildren born in Siam of persons entitled to be registered under the first category, who are entitled to the status of British subjects in contemplation of English law.

Neither great-grandchildren nor illegitimate children born in Siam of persons mentioned in the first category are entitled to be registred;

3° All persons of Asiatic descent, born within the Queen's dominions, or naturalized within the United Kingdom, or born within the territory of any Prince or State in India under the suzerainty of, or in alliance with, the Queen.

Except natives of Upper Burmah or the British Shan States who became domiciled in Siam before January 1st 1886;

4° All children born in Siam of persons entitled to be registred under the third category.

No grandchildren born in Siam of persons mentioned in the third category are entitled to be registred for protection in Siam;

5° The wives and widows of any persons who are entitled to be registred under the foregoing categories.

II

The lists of such registration shall be open to the inspection of a properly authorized Representative of the Siamese Government on proper notice being given.

III

If any question arises as to the right of any person to hold a British certificate of registration, or as to the validity of the certificate itself, a joint inquiry shall be held by the British and Siamese authorities and decided according to the conditions laid down in this Agreement, upon evidence to be adduced by the holder of the certificate, in the usual way.

IV

Should any action, civil or criminal, be pending while such inquiry is going on, it shall be determined cojointly in what Court the case shall be heard.

V

If the person in respect of whom the inquiry is held come within the conditions for registration laid down in Article I, he may, if not yet registered, forthwith be registered as a British subject and provided with a certificate of registration at Her Britannic Majesty's Consulate; otherwise, he shall be recognized as falling under Siamese jurisdiction, and, if already on the lists of Her Britannic Majesty's Consulate, is name shall be erased.

In witness whereof the Undersigned have signed the same in duplicate and have affixed there to their seals at Bangkok, on the 29th day of November, 1899, of the Christian era, corresponding to the 118th year of Ratanakosindr.

(*Seal.*) Signed : George GRÉVILLE.

(*Seal.*) Signed : Devawongse VAROPRAKAR.

CONVENTION

ENTRE LE SIAM ET LA GRANDE-BRETAGNE

RELATIVE À L'IMMATRICULATION DE SUJETS BRITANNIQUES

SIGNÉE À BANGKOK LE 29 NOVEMBRE 1899.

Les Gouvernements de S. M. la Reine du Royaume-Uni de Grande-Bretagne et d'Irlande, Impératrice des Indes, et de S. M. le Roi de Siam, reconnaissant la nécessité d'arriver à un arrangement satisfaisant sur l'immatriculation des sujets britanniques au Siam, les soussignés : Le Ministre résident de Sa Majesté Britannique et le Ministre des Affaires étrangères de Sa Majesté Siamoise, dûment autorisés à cet effet, sont tombés d'accord sur ce qui suit, savoir :

ARTICLE I.

Conformément à l'article V du Traité du 18 avril 1855, l'immatriculation des sujets britanniques résidant au Siam comprendra les catégories suivantes, savoir :

1º Tous les sujets britanniques de naissance ou naturalisés, autres que ceux d'origine asiatique;

2º Tous les enfants et petits-enfants, nés au Siam, de personnes ayant le droit d'être immatriculées, aux termes de l'article I ci-dessus, qui ont eux-mêmes, selon la Loi anglaise, droit au statut des sujets britanniques.

Ni les arrière-petits-enfants, ni les enfants illégitimes, nés au Siam, des personnes spécifiées dans la première catégorie n'auront le droit d'être immatriculés.

3º Toutes les personnes d'origine asiatique, nées dans les possessions de la Reine, ou naturalisées dans le Royaume-Uni, ou nées sur le territoire de l'un quelconque des Princes ou États, placés sous la suzeraineté de la Reine, ou ayant une alliance avec Elle.

A l'exception des personnes originaires de la Haute-Birmanie, ou des États Chan britanniques qui auraient élu domicile au Siam avant le 1ᵉʳ janvier 1886;

4º Tous les enfants, nés au Siam, de personnes ayant le droit d'être immatriculées et figurant dans la troisième catégorie.

Les petits-enfants, nés au Siam, de personnes figurant dans la troisième catégorie n'auront pas le droit d'être immatriculés au Siam comme protégés.

5° Les épouses en puissance de mari et les veuves de tous individus en droit d'être immatriculés sous l'une des catégories qui précèdent.

Article II.

Les listes des immatriculés seront communiquées à un représentant dûment autorisé du Gouvernement Siamois, sur avis donné à cet effet.

Article III.

Si une question est soulevée quant au droit d'une personne quelconque de posséder un certificat britannique d'immatriculation, ou quant à la validité du certificat lui-même, il sera procédé, par les Autorités britanniques et siamoises, conjointement, à une enquête, qui décidera, suivant la coutume, d'après les conditions posées dans la présente Convention, sur les preuves produites par le porteur dudit certificat.

Article IV.

Dans le cas où un procès au civil ou au criminel serait pendant au cours d'une pareille enquête, lesdites autorités détermineront conjointement devant quel Tribunal il y a lieu de porter le procès.

Article V.

Si la personne au sujet de laquelle il est procédé à l'enquête remplit les conditions d'immatriculation posées à l'article I, elle sera immédiatement immatriculée, si elle ne l'est déjà, comme sujet britannique et pourvue d'un certificat d'inscription, au Consulat de Sa Majesté Britannique; sinon, elle sera reconnue comme tombant sous la juridiction siamoise, et, si elle se trouve déjà portée sur les listes du Consulat de Sa Majesté Britannique, son nom sera rayé.

En foi de quoi, les soussignés ont signé en double le présent acte et y ont apposé leur sceau, à Bangkok, le 29 novembre 1899 de l'ère chrétienne, qui correspond à l'an 118 de Ratana-Kosindr.

(L. S.)   Signé : Devawongse Varoprakar.

(L. S.)   Signé : George Gréville.

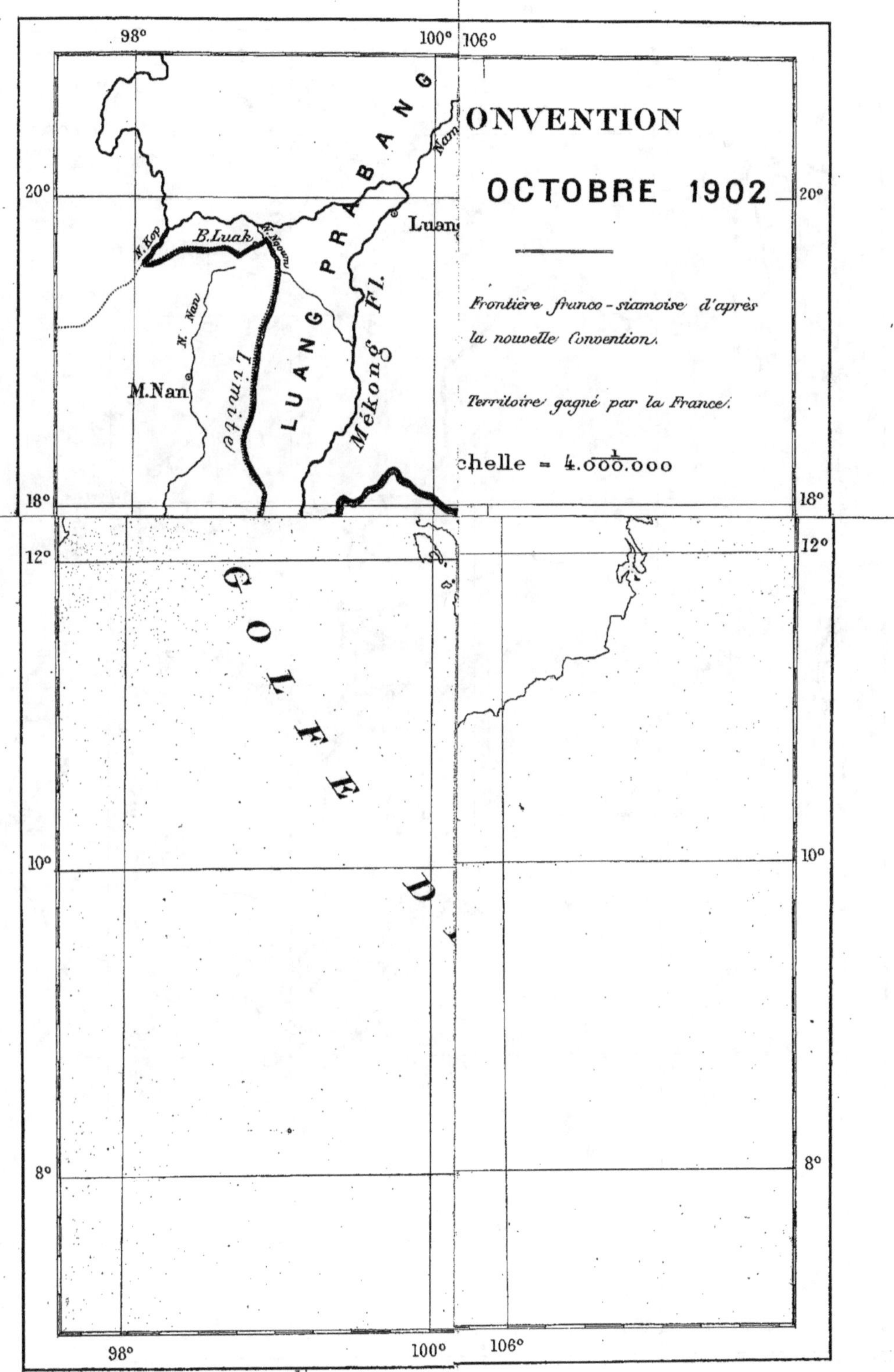
98°
100° 106°
20°
ONVENTION
OCTOBRE 1902
Frontière franco - siamoise d'après
la nouvelle Convention.
Territoire gagné par la France.
chelle = 1/4.000.000
LUANG PRABANG
Nam
Luang
B.Luak
N.Kop
N.Ngoun
N.Nan
Linuttve
Mékong Fl.
M.Nan
20°
18°
18°
12°
12°
GOLFE
D
10°
10°
8°
8°
98°
100° 106°
Gravé et imp. par Erhard F.res, 35 bis, Rue Denfert-Roch.

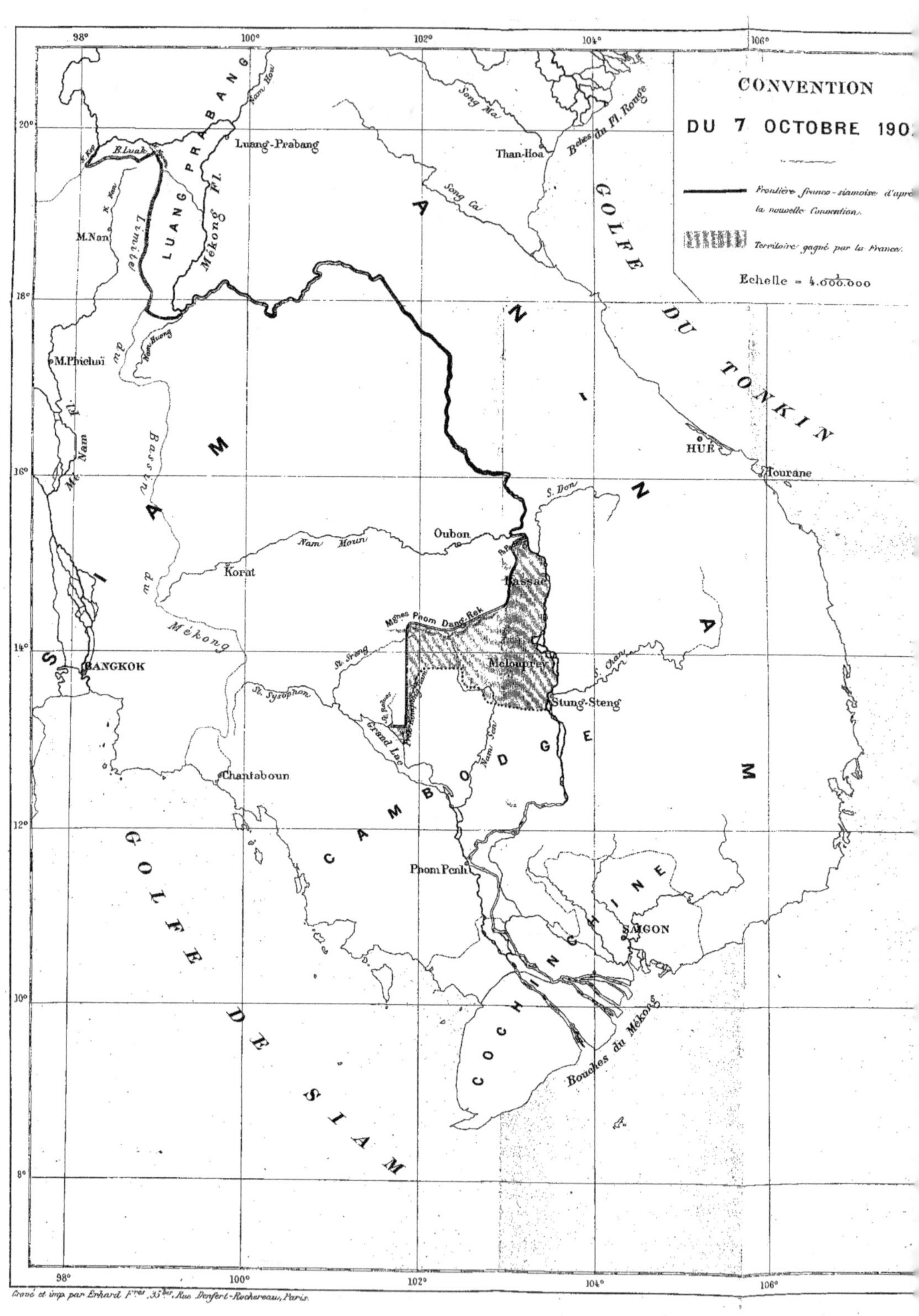

CONVENTION
DU 7 OCTOBRE 190
Frontière franco-siamoise d'après la nouvelle Convention.
Territoire gagné par la France.
Echelle = 1/4.000.000
98°
100°
102°
104°
106°
20°
18°
16°
14°
12°
10°
8°
Luang-Prabang
Than-Hoa
GOLFE DU TONKIN
Song Ma
Bches du Fl. Rouge
Song Ca
R.Luak
R. Kop
R. Kau
M.Nan
LUANG PRABANG
Mékong Fl.
Limite
M.Phichaï
Me Nam Fl.
Nam Huong
Bassin
du
Mékong
S I A M
Nam Moun
Korat
Oubon
S. Don
HUÉ
Tourane
Bassac
Mgnes Phom Dang-Rek
St. Sreng
Mélouprey
S. Chau
BANGKOK
Mékong
St. Sysophon
A N N A M
Grand Lac
Nam Sen
Stung-Steng
C A M B O D G E
Chantaboun
Phom Penh
COCHINCHINE
SAIGON
GOLFE DE SIAM
Bouches du Mékong
Gravé et imp. par Erhard Frères, 35 bis, Rue Denfert-Rochereau, Paris.

www.ingramcontent.com/pod-product-compliance
Lightning Source LLC
Chambersburg PA
CBHW061354060726
47597CB00003B/857